古建筑日读

王其钧◎著

修订版

中華書局

前　言

中国古典建筑，是中华民族优秀文化中极其灿烂辉煌的组成部分。中国古典建筑形成了自己独特的艺术语言，而且这种语言形式十分成熟，语汇完整，谱写了无数璀璨瑰丽的建筑乐章。在不同的地区，这些建筑词汇，又有不同的方言表述形式，其地方词汇所涵盖的形式内容又和其他地区的词汇内涵不尽相同，因而更是包罗万象、博大精深。

了解建筑文化是一个很有趣味的活动。从中国古人注重建筑造型和空间的变化这一现象中，能懂得我们先人的智慧。

中国古典建筑从功能到形式都达到完美的境界，自立于世界文化之林。中国古建筑历久而弥新，如翅如飞的屋面、精美华丽的色彩、富丽典雅的装饰、跌宕起伏的组群等，使建筑进入了纯艺术的境地。中国古典建筑犹如一幅幅浓墨的写意山水画，传神富有神韵，虚实互相结合。让人们去想象、领悟、会意、思而再思。

中国古典建筑空间形象具有无声的诗情之美，无数文人墨客有感于建筑所固有的诗情画意，写下了流传千古的文学作品，如《滕王阁序》《醉翁亭记》《阿房宫赋》等，其蕴含的深刻哲理和审美情趣，情真意切、隽永高远。

这本书通过图文结合的形式，介绍了中国古典建筑的 365 个小知识。读者徜徉在中国古典建筑的元素概念之中，仿佛是跳动的旋律陪伴读者重拾文化片段，深深地感悟中国古典建筑的流风遗韵，在豁然回首间，领略那一抹不曾泯灭的中华传统文化的霞光。

第一章　宫廷及宗教建筑

第二章　建筑元素

祥雯輝紫極璇閣凝

第三章　民　居

第四章　园　林

第一章

宫廷及宗教建筑

001

北京故宫

北京故宫现为北京故宫博物院，它原是明清两个王朝的皇宫，当时称为“紫禁城”。北京故宫位于北京城的中心，正对应古代君王坐镇国中、一统天下的思想。这座帝王皇宫始建于明代永乐四年（1406），直到永乐十八年（1420）才建成，占地面积78万平方米，它是世界上现存最为完好、规模最大的古代宫殿建筑群。整个皇宫分为前朝、后寝两大部分，前朝主要为太和、中和、保和三大殿，是举行大典之处；后寝主要包括乾清、交泰、坤宁三宫和东西六宫等，是帝后妃嫔等人居住之所。皇宫的外围是高大的城墙和一圈护城河。

故宫中和殿、保和殿

故宫三大殿依次为太和殿、中和殿、保和殿。画面中即为中和殿和保和殿。中和殿为四角攒尖顶方亭式建筑，位于太和殿之后。攒尖的顶端，是铜质镀金圆形宝顶，熠熠生辉。保和殿殿名意为神志专一，保持宇内和谐，才能福寿安乐、天下太平。保和殿面阔九间，进深五间。屋顶为重檐歇山顶，上覆黄色琉璃瓦。内外檐都采用金龙和玺彩画，殿内采用金砖铺地，空间宽敞舒适。

钦安殿是故宫南北中轴线上的最北面的一座殿堂，建于明嘉靖十四年（1535）。是目前保留下来的少有的明代中期建筑之一，位于北京紫禁城御花园的中北部。大殿面阔五开间，装饰着红色嵌金边的隔扇门，色彩艳丽，在周围碧绿青翠的树木掩映下极为显眼。大殿的屋顶为重檐盝顶。屋顶面覆盖着黄色琉璃瓦。各条屋脊的侧面，雕有与屋瓦同色同质的游龙与小花纹。大殿坐落在一层汉白玉的石台基上，上有白色石栏杆围绕，正开间前有阶梯上下，阶梯两侧也饰有与台基相同的石栏杆。栏杆的每

个望柱头上都雕刻有精美的蟠龙纹，每块栏板上则雕刻着对龙，色彩洁白，手法精细，生动活泼。与屋脊的龙纹上下对应，在色彩上则呈对比。每个望柱的下面都伸出一个喷水的螭首，雨天时众螭首齐齐向外喷水，景象美妙动人。钦安殿是专门用来供道家之神的建筑，殿内主要供奉真武大帝。清代时在这里继续祭祀真武大帝，逢道家祭日或节庆日，皇帝与后妃还会在此设案烧香行礼。

北京雍和宫

北京雍和宫是一处保存较好的古代建筑群，位于北京北二环路东段南侧，占地6.6万多平方米。雍和宫始建于清康熙三十三年（1694），最初是康熙第四子胤禛的府邸，胤禛继位后将之改为行宫，并定名为“雍和宫”。乾隆时，雍和宫被改作藏传佛教喇嘛寺院，这是清王朝对蒙藏各族采取怀柔政策的一个重要表现。现存雍和宫主要建筑有：昭泰门、钟鼓楼、碑亭、雍和门、雍和宫殿、数学殿、药师殿、永佑殿、法轮殿、戒台楼、班禅楼、万福阁、延绥阁、永康阁等。

含元殿是唐代大明宫中轴线上的第一座大殿，也是大明宫的主殿，建于唐高宗龙朔二年（662）。大殿面阔十一间，带廊，进深四间。大殿正面为门窗，其余三面为厚2米多的墙体；大殿只有一层，上为重檐庑殿顶；殿的总面积近两千平方米，雄伟壮观。因基址高出周围地面10多米，所以踞于全城之上，视野开阔。大殿前有长达70米的龙尾道，它是大殿总体造型的一个极富特色之处。如在殿下仰望大殿，殿高直入云端，显示了大唐盛世的恢宏气概。遗址位于今西安市。

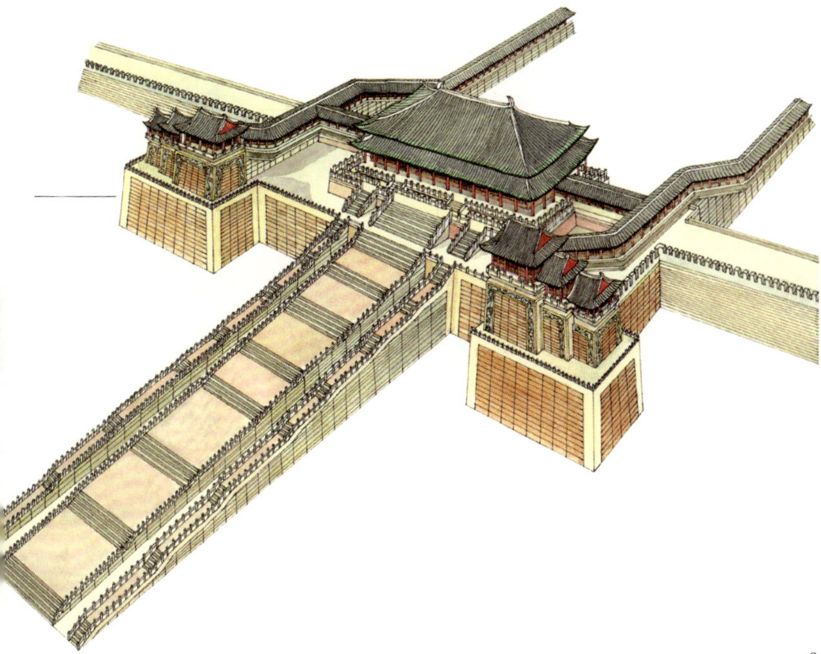

麟德殿是唐代大明宫内一组重要而别致的建筑，遗址位于今西安市。它是皇帝大宴群臣、观看伎乐、设佛事道场的地方。麟德殿由前、中、后三座高低错落的殿堂组成，前殿、

中殿进深四间，后殿进深三间，三殿面阔均为九开间，庑殿顶，建筑体积庞大。在东西小建筑的衬托下，显得雄伟壮丽而富有层次。

大明殿是元代大内最重要的宫殿群，遗址位于今北京市。元代大内宫殿的布局采用“工”字形，是宋代修筑宫殿做法的延续，作为元代大内正朝的大明殿和常朝的延春阁，两者各

有后寝，即各自组成一个“工”字形殿。大明殿在前，相当于北京故宫的太和殿。大明殿有三层高大的白石台基。不过，大明殿后部的寝殿建筑形式却较为灵巧活泼，不似前殿的庄重严肃。○

沈阳故宫位于辽宁省沈阳市，因为并非处在中国古代的中原地区，而是靠近边界，所以被称为“塞外皇宫”。这座塞外皇宫始建于公元1625年，它是清太祖努尔哈赤和清太宗皇太极定都沈阳时所建的宫殿。清朝入主中原以后，沈阳这座宫殿便成了清王朝的留都宫殿。清代后来的康熙帝、雍正帝、乾隆帝、嘉庆帝、道光帝都曾对沈阳这座皇宫的宫殿进行维修、增建，其中乾隆时期的扩建规模最大。现存沈阳故宫建筑分为东、中、西三路。东路为努尔哈赤所建，主要建筑为大政殿和十王亭；西路是乾隆所建，主要建筑有嘉荫堂、仰熙斋、戏台、文溯阁等；中部是主体，为皇太极所建，主要建筑有大清门、崇政殿、凤凰楼、清宁宫、关雎宫、麟趾宫、衍庆宫、永福宫等。○

大政殿

沈阳故宫东路宫殿群建于清太祖努尔哈赤时期，其布局是当时满族政治军事体制“八字布局”形式的强烈体现，主要建筑为大政殿和十王亭。大政殿居于东路最北端正中，是东路的主体建筑，也是沈阳故宫中最早建成的宫殿。大殿坐北朝南，平面八角形，重檐攒尖顶，顶面覆盖黄色琉璃瓦，带绿剪边。大殿四周带围廊，立有八根檐柱和八根金柱，正面两根檐柱上缠绕着两条金色的龙，与正中横枋上的火珠组成“二龙戏珠”。大殿之下是须弥座式台基。大殿内设有雕龙宝座，宝座上方为八角形雕花盘龙藻井，以金、红两色为主，艳丽辉煌。

城门

城门是出入城池的口，也是城池防御的一个薄弱环节，是战争中敌人攻击的重点部位。所以，在古代的战争中，与高大坚固的城墙相比，相对薄弱的城门便成了维系城池安全的关键所在。因此，古代防御系统中对于城门的要求非常严格，从城门的开设位置，到城门门板的材料，甚至是门板层数的多少等，都根据实际需要而精心设置，以期达到最好的防御效果。当然，也可以采取减少城门数量的办法来提高城池的防御性，因为对于防御性要求极高的城池来说，城门的数量自然是越少越好。我国古代大多数城池的城门，都只有四座，分设于城池的东、西、南、北四面。

011

内城

内城一般指的是古代统治者居住的区域，如果对应到都城上的话，内城就是指皇城和宫城。《吴越春秋》中说：“筑城以卫君，造郭以守民。”或者说，除了外城之外，里面的都是内城。如明清的北京城，不但有宫城、皇城，皇城之外还有一圈城为内城，内城之外（只有南面）又有城。○

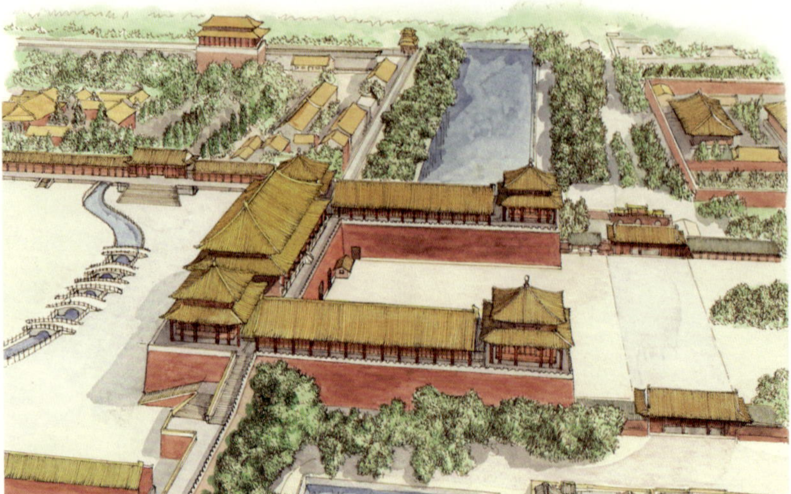

宫城是皇帝及其他皇室成员居住的地方，是在以皇帝为首的皇室所居宫殿区的周围筑起一道围墙，围墙和围墙内的宫殿区就是宫城。宫城是古代最高统治者的居住地，因而居于城的最中心，在内城和皇城之内。明清北京紫禁城（故宫）即是当时的宫城。○

都城也就是“国都”“京都”，是皇帝所居的城，因而它是全国最高一级的政权机构所在地。其下还有州城、府城、县城等。它们共同构成古代的统治机构。图为明清都城。○

013 都城

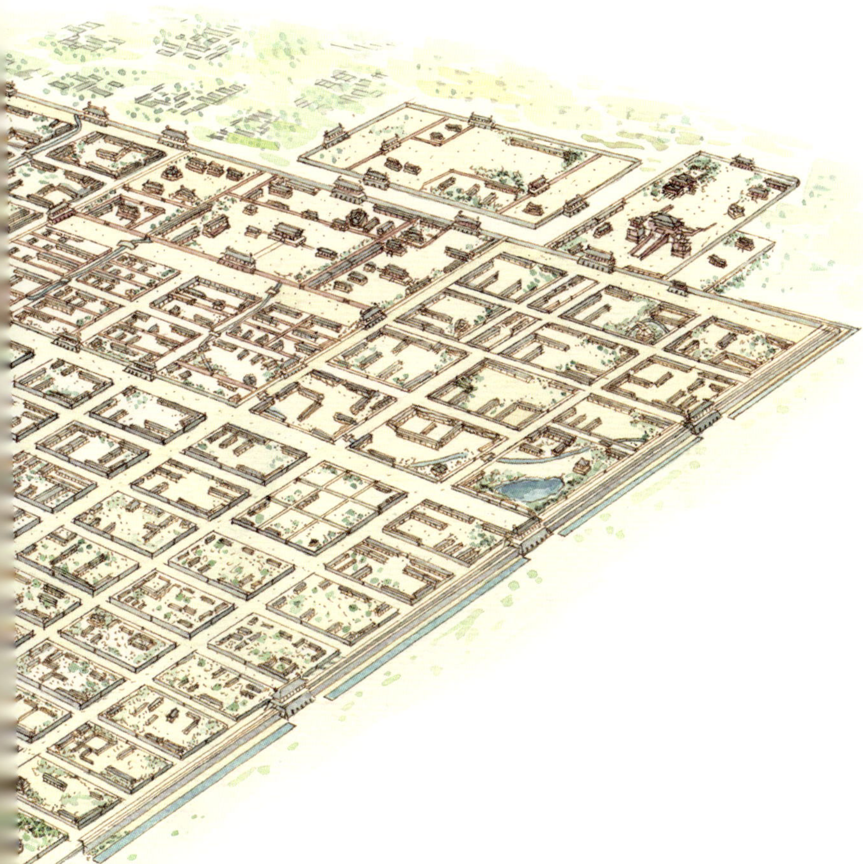

014

钟楼

钟楼是中国古代为击钟报时而建，因楼内悬挂或摆放有大钟而得名。钟楼在中国各地多有建筑，并且大多是明清时期所建。钟楼形体较为高大，多高达30—40米；其平面一般为正方形，上为攒尖顶；楼体四面设门，并且多为拱券形门洞。钟楼的建筑材料，一般是内为木料构架，外围青砖墙体。楼内有楼梯可以上下。现今的钟楼已没有了报时功能，而成了游人登临观景的佳处。

德胜门箭楼位于北京城的北部城墙处，明代正统年间修建。箭楼的平面呈“凸”字形，前有抱厦，第四层墙体向内收缩。楼主体部分的三层与四层之间，有一层腰檐与前部的抱厦檐相连，上部为单檐歇山式楼顶。墙体是灰砖墙，楼体下部是高大的城墙。四层的德胜门箭楼，每层都开有供瞭望的小方窗。德胜门箭楼的整体高度比前门箭楼要低，上部的楼体高近20米，连城墙高为31米多。与前门箭楼相比，德胜门箭楼更好地保存了原来的风貌。

北京天坛内的斋宫是一组供皇帝斋戒的建筑物，位于天坛内丹陛桥的西侧，是一处坐西朝东的正方形宫院，占地四万平方米。斋宫院落的主要建筑有：正殿无梁殿、寝宫、钟楼、

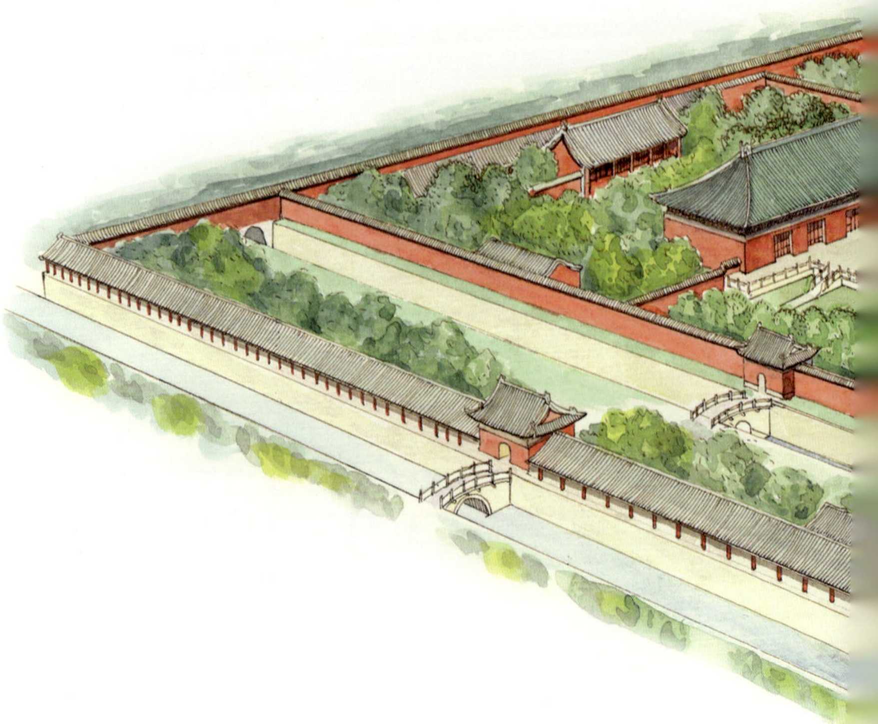

奏书亭、铜人亭等。斋宫不是天坛内的主殿，因而屋面覆盖的是绿瓦，其中最为突出的是斋宫正殿，整个屋面覆盖着绿色琉璃瓦，静穆庄重。○

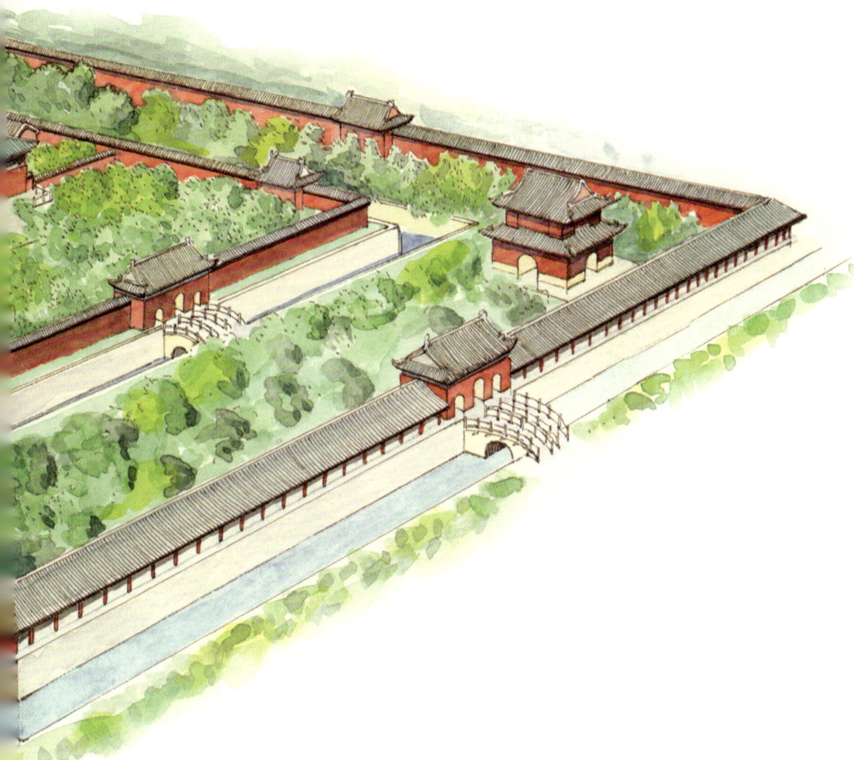

017

北京国子监

北京国子监是元、明、清时期的最高学府，它位于今北京安定门内国子监街路北，与文庙相邻。国子监的第一道门名为“集贤门”，第二道门是“太学门”，太学门内即是著名的“圜桥

教泽”琉璃牌坊。琉璃牌坊的北面就是国子监的主体建筑——辟雍殿。辟雍是皇帝所立的大学，古代只有天子可以在辟雍讲学。辟雍殿的北面有甬路直通彝伦堂，殿前东西有丹墀，是皇帝临雍时诸生听学的地方。○

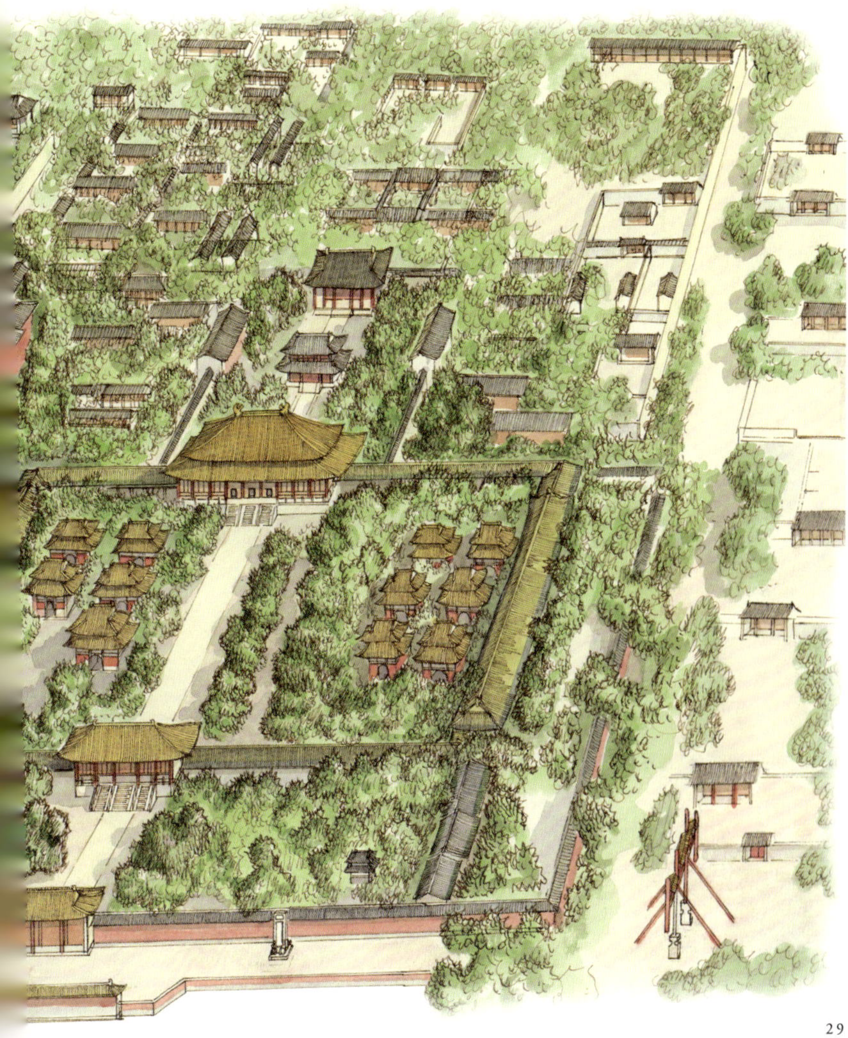

乾陵是唐代十八陵之一，是唐十八陵中保存最好的一座，位于陕西省乾县。乾陵所处的梁山，草木茂盛，风景优美，上有三座山峰，最高山峰即为乾陵所在地。乾陵气势雄伟、规模宏大，位居唐陵之冠。乾陵是唐代第三位皇帝高宗李治和女皇武则天的合葬陵墓，两帝合葬在古代陵墓中是绝无仅

有的。乾陵由内城、外城和部分附属建筑组成。外城目前已无迹可寻。内城有青龙、白虎、朱雀、玄武四座城门，朱雀门居南，门前有一条宽大笔直的司马道，道旁立有华表、石人、石马、石鸟、石碑、石狮等精美的石刻艺术品。

019

唐永泰公主墓

永泰公主墓是陕西省乾县乾陵的陪葬墓之一。封土高约14米，四周原有围墙，现仅存遗址。封土的南面立有石狮子一对、石人一对、华表一对。墓葬的地下部分由墓道、天井、便房、过洞、前后甬道、前后墓室组成，全长87米多，宽近4米，深近17米。墓葬共有6个天井，8个对称排列的便房。墓室为砖结构，墓内陈放三彩俑、陶瓷俑和各种生活用具。此外，永泰公主墓内还有颇为珍贵的壁画，以人物为主，尤其是侍女最多。这些随葬品和壁画，是研究唐代社会风俗、文化艺术与宫廷生活的重要资料。○

明十三陵位于北京市北部的昌平区，是明代十三位帝王的陵寝。十三陵陵地四周群山环绕，山势高低起伏，山岭逶迤连绵，景色优美壮观。山南有敞开的出口，山口处龙、虎两山拱卫。整个陵区地形如马蹄。在这个马蹄形的最北面的中央，山麓下就是长陵，它是明十三陵中的第一个皇帝陵，也就是明成祖朱棣的陵。后来的十二座陵墓分别是献陵、景陵、裕陵、茂陵、泰陵、康陵、永陵、昭陵、定陵、庆陵、德陵、思陵。在十三陵中，长陵居于核心地位，其他各陵环衬左右，气势磅礴、恢宏壮阔。是中国现存陵墓建筑中的精品集中地之一。○

021

清东陵

清东陵是清代在关内首辟的帝王陵地，位于河北省遵化市，北倚昌瑞山，南有烟墩、象山，东起马兰峪，西至黄花山，整个陵区规模雄伟，气势恢宏。陵区内有陵寝15座，埋葬有清王朝的5位皇帝、15位皇后、100多位妃嫔等。陵区建筑以

清世祖顺治的孝陵为中心，东侧为景陵、惠陵，西侧是裕陵、定陵，四陵分别是康熙、同治、乾隆、咸丰四帝的陵寝。清东陵内建筑风格较为多样，屋顶有庑殿式、歇山式，也有卷棚式；屋瓦有黄色琉璃瓦、绿色琉璃瓦，也有普通的布瓦等。清东陵是中国现存陵墓建筑中的精品集中地之一。○

022

曲阜孔庙

曲阜是孔子的故里。曲阜孔庙就坐落在山东省曲阜市旧城的中心，它是一组占地三百多亩、南北长一千多米的恢宏壮丽的建筑群，建筑形制等同皇宫。全庙以中轴线贯穿南北，前后分九进院落，左右建筑对称排列。庙内建筑包括五殿、一阁、一坛、两庑、两堂、十七座碑亭和数道大门，计有：棂星门、圣时门、弘道门、大中门、同文门、奎文阁、十三碑亭、大成门、杏坛、大成殿、诗礼堂、崇圣祠、金丝堂、启圣殿等。庙的外围是高墙，墙上还建有角楼。是国内现存的规模宏大的古代建筑群之一。○

在台湾的台南市有一座历史悠久的孔子庙，它是台湾最古老的孔子庙。台南孔庙同时也是清朝时台湾地区的最高学府。整个庙宇大体分为左右两部分，左为儒生读书之处，右边即是祭祀孔子的建筑群。读书的学堂主要有入德之门、明伦堂、文昌阁等几座建筑，祭孔建筑主要有大成门、大成殿、东西两庑。两部分的建筑形象各有不同，但建筑的色彩与装饰非常统一，极富台湾建筑特色。○

布达拉宫是一座举世瞩目的伟大建筑，是一座集宫殿与藏传佛教寺庙于一身的综合建筑体，也是现存海拔最高、规模最大的宫堡式建筑群，更是藏式建筑的杰出代表，耸立在西藏自治区拉萨市的玛布日山上。布达拉宫占地总面积36万平方

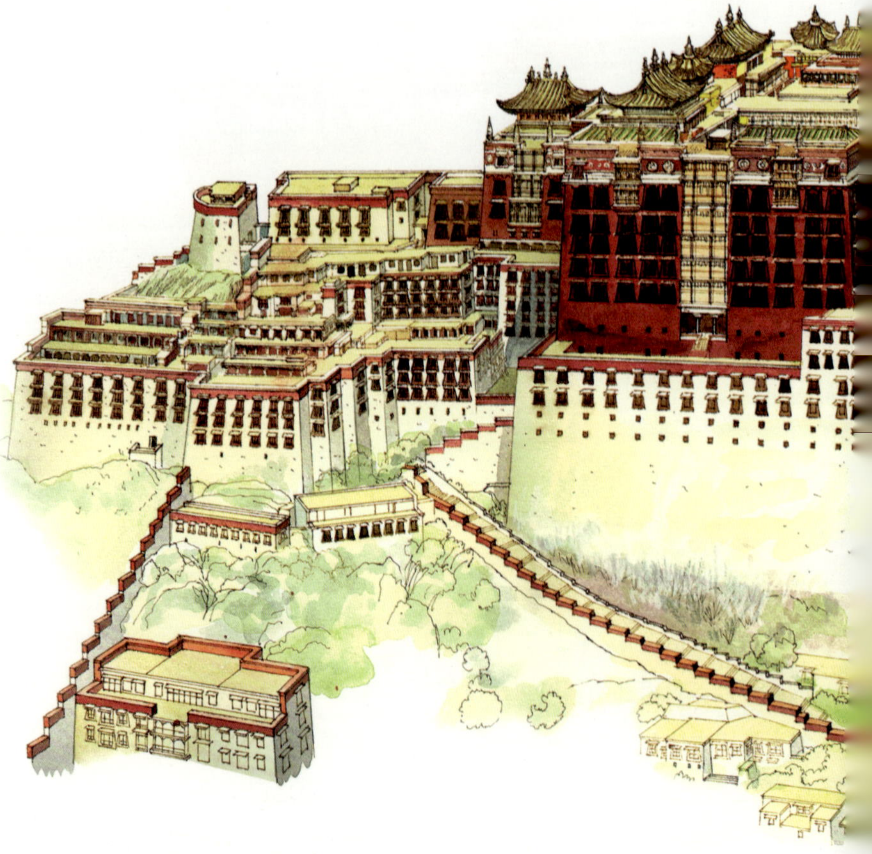

米，海拔3700多米，建筑有宫殿、佛殿、灵塔殿、经堂、僧舍、庭院等，主体楼群共有13层，气势磅礴。整个建筑群依山而筑，建筑层叠，墙体敦厚坚实，红白相映，金顶辉煌耀眼。布达拉宫是过去西藏地方统治的中心，也是历代达赖喇嘛的宫室，又是供奉达赖喇嘛灵塔的地方。○

戒台寺坐落于北京市西门头沟区的马鞍山山腰。寺院以拥有全国最大的戒坛而闻名遐迩，所以寺院又名“戒坛寺”。戒台寺的创建最早可追溯到唐代，可谓历史悠久。从寺院创建至今，其间经过历代的不断维修扩建，渐渐形成

了今天的格局与规模。目前的戒台寺有南北两条轴线，南轴线建筑主要有山门、天王殿、大雄宝殿、千佛阁、观音殿等，北轴线建筑主要有山门、戒坛殿、大悲殿、五百罗汉堂等。○

026

台湾澎湖天后宫

妈祖是台湾地区民间信仰的重要神明之一，天后宫就是祭祀妈祖的庙宇。台湾澎湖天后宫是台湾地区最古老的一座妈祖庙，它是一座建于港口附近的庙宇，面向港口，坐北朝南，前低后高。由前至后建有前殿、正殿、清风阁等殿堂，各殿之间左右均有配殿相连，形成一个独立而完整的整体。建筑屋脊飞翘，犹如燕尾，灵动优美；建筑内外装饰装修精美，显示出当初设计、制作的匠人们的不凡技艺。

台湾鹿港龙山寺

台湾的寺庙中，单是名称相同的“龙山寺”就有好几座，据说它们都是由福建泉州晋江的安海龙山寺分化出来的，因为明末清初时，有很多人由泉州出海移居台湾，自然就把安海的龙山寺祭祀传至台湾。台湾鹿港龙山寺就是其中的一座，它创建于清代乾隆年间，在台湾的佛寺中属于较大型者，规模较为宏大，格局也比较完整。寺庙坐东朝西，由前至后为山门、五门殿、戏亭、拜亭、正殿、后殿，各殿前后两侧有围墙、廊庑和侧门相连相通。

028 天津独乐寺

独乐寺位于天津市蓟州区武定街北侧，俗称“大佛寺”。寺庙的总体布局分为三部分：东路是清代帝王建造的行宫；西路是僧房；中路是寺庙主体，这部分的建筑有山门、观音阁、韦驮亭、卧佛殿、三佛殿等。其中以观音阁为主体建筑的中心，它是中国现存最为古老的木结构楼阁建筑，面阔五开间，进深四间，气势巍然，阁内主供十一面观音立像，通高15米多。独乐寺的具体创建年代已不可考，不过据研究者推断，它至迟始建于唐初。

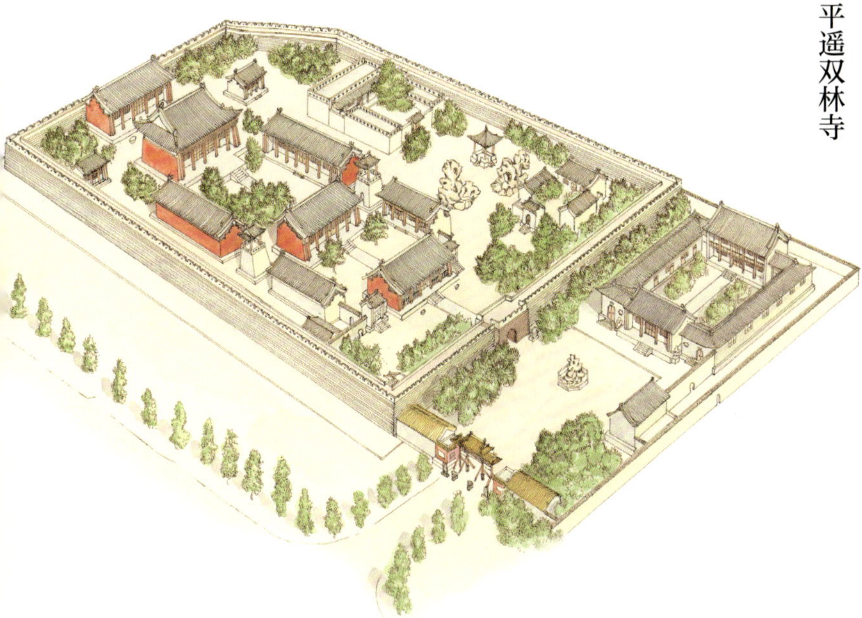

平遥双林寺位于山西省平遥县西南，原名“中都寺”，创建的确切时间已不可考，只是据寺中古碑上模糊的“重修于武平二年”等字迹，判断出它的创建年代很早。因为武平二年是公元571年，是北齐时期，且为重修，所以，中都寺最少有1400多年的历史了。最初毁于火灾，后经多代重修扩建，现存的建筑已全部是明清时期修建。“双林寺”之名大约定于宋代。寺庙坐北朝南，寺的外围是一圈高大的夯土包砖墙。寺内分东、西两大部分。西部为庙院，有十座殿堂、三进院落。释迦殿、罗汉殿、武圣殿、土地殿、阎罗殿、天王殿组成前院；大雄宝殿和两厢的千佛殿、菩萨殿组成中院；娘娘殿、贞义祠组成后院。东部主要是禅院和经房。

030

平遥镇国寺

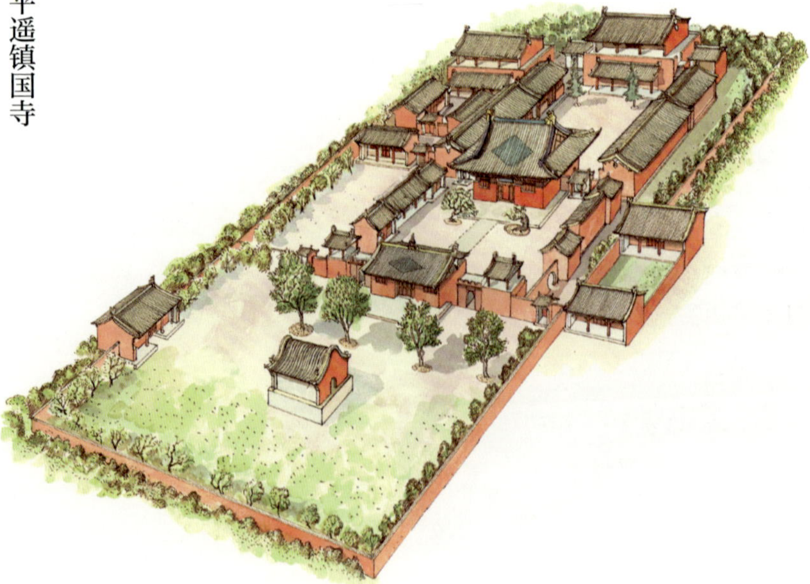

平遥镇国寺位于山西省平遥县城东北，始建于五代北汉天会七年（963），初名“京城寺”，明代嘉靖时改称“镇国寺”。寺庙经金、元、明、清多次重修、重建，现存寺院共有两进院落，坐北朝南。从前至后沿中轴线建有天王殿、万佛殿、三佛楼等主要建筑。其中，位于寺院中部的万佛大殿是中国现存最古老的木结构建筑之一，建于北汉天会七年，被称为“千年瑰宝”，目前保存着唐代建筑的风格。○

艾提尕尔清真寺位于新疆维吾尔自治区喀什市中心，是一座伊斯兰教寺院。艾提尕尔清真寺已有五百多年的历史，坐西朝东布局，建筑气势雄伟，色彩绚丽而自然，是我国古代维吾尔族人民创建的历史瑰宝之一。寺庙现在的总面积约1.68万平方米，是中国现存最大的伊斯兰教礼拜寺，不论是伊斯兰教节日还是平日，伊斯兰教信徒都会在这里举行宗教活动。寺内有礼拜堂、教经堂、门楼、塔及一些附属建筑，加上庭院内的花草树木，这座大清真寺不但是当地宗教活动的中心，也成了喀什城的一处胜景。

普宁寺是河北省承德市外八庙之一，乾隆二十年（1755）修建。它是一座藏、汉混合式布局的藏传佛教寺院，寺院分前后两个部分，前部为汉式建筑，后部为藏式建筑。汉式建筑主要有山门、碑亭、天王殿、大雄宝殿、钟鼓楼、配殿等，富丽高雅，庄严肃穆，气势不凡。藏式建筑以曼陀罗坛城为主，中心建大乘之阁，阁内主供巨型木雕千手千眼观音。大乘之阁左右有日、月殿，东西南北有四殿为四大部洲，之间又有代表八小部洲的重层白台，另有四座四色喇嘛塔。○

承德普宁寺

033

承德普陀宗乘之庙

普陀宗乘之庙是位于河北省承德市的外八庙之一，并且是外八庙中规模最大的一座，它是仿照西藏布达拉宫而建，所以也称“小布达拉宫”。普陀宗乘之庙建于清乾隆三十二年（1767），和外八庙中其他几座庙宇一样，它们的建立是清政府对藏实施怀柔政策的举措之一。普陀宗乘之庙的主体是后部的红台，其上有万法归一殿、群楼、慈航普渡殿、洛伽胜境殿、权衡三界、千佛阁等。庙宇前方轴线上还建有山门、碑亭、五塔门、琉璃牌坊等。

须弥福寿之庙是河北省承德市外八庙之一，因为它是为入中原朝觐乾隆的西藏六世班禅所建的住所，所以又称为“班禅行宫”。这座庙宇总体上采用汉式的轴线布局，但建筑形式却是藏式，只有部分融入汉式特色。庙内建筑主要有山门、碑亭、琉璃牌坊、大红台、妙高庄严殿、吉祥法喜殿、金贺堂、万法宗源殿、琉璃宝塔等。

承德普乐寺

普乐寺又称“圆亭子”，因为其主体建筑为圆亭形式。普乐寺也是河北省承德市外八庙之一。普乐寺平面呈矩形，左右对称，布局严谨。寺院以宗印殿为界，前部是汉式建筑群，包括山门、天王殿、胜因殿、慧力殿、宗印殿；后部为藏式建筑，主要建筑是建在方台上的旭光阁和群房。普乐寺是专供欢喜佛的庙宇，即旭光阁内主供的上乐王佛，是佛教密宗本尊之一。

华严寺位于山西省大同市西大街，它是一座典型的汉、辽文化融合的寺院。华严寺的建筑布局坐西朝东，显示出尊“东”的辽金族建筑特征。当时寺院主殿为大雄宝殿，元明时期寺院被一分为二，分别建山门：一者称上华严寺，以大雄宝殿

为主体；一者称下华严寺，以薄伽教藏殿为主体。上寺建筑有山门、天王殿、大雄宝殿、观音阁、地藏王阁、钟鼓亭；下寺有前后两座院落，前院为展厅，后院即是以薄伽教藏殿为主的寺庙部分。图中所示为薄伽教藏殿内的木质天宫楼阁。○

037

古阳洞

古阳洞是龙门石窟中开凿最早的洞窟，位于龙门西山南部。据某些记载考证，古阳洞原名“石窟寺”，又因为传说老子曾于此炼丹，所以又名“老君洞”。古阳洞平面略呈马蹄形，顶为穹隆形式，洞高11米、宽近8米、深约10米。洞内主像为高约6米的释迦牟尼结跏趺坐像。古阳洞内造像颇多，连其他窟洞中雕做藻井的窟顶也都成了凿龛塑像之处，就这一点来说，古阳洞在龙门石窟中是数一数二的。

奉先寺是现存龙门石窟建筑群之一，是龙门石窟的主窟，凿建于唐高宗咸亨三年至上元二年（672~675），是唐代石窟艺术中的精品。它前临伊水，水面开阔，水流清冽；北倚西山为天然的屏障。因为窟洞多是利用天然溶洞开凿，所以与青山绿水更为相融相应，一片自然清幽的景象。奉先寺的闻名，除了优美的环境之外，更主要的原因是窟中精雕细琢的佛像，尤其是主像卢舍那佛。

039

云冈石窟

云冈石窟位于山西省大同市西，凿建于北魏兴安二年到太和十九年（453～495），历时近半个世纪。因为地处武周山，也就是云冈南麓，所以叫作“云冈石窟”。窟内造像有五万多尊，还有众多精美的壁画，是佛教石刻艺术的宝库。图为云冈石窟第18窟，窟内的主像高达15米多，佛像身披袈裟站立，气宇轩昂，左手抚胸，有强烈的动感。此像对应的是北魏太武帝拓跋焘。主像两侧立有胁侍菩萨和佛的十大弟子。弟子像头部采用圆浮雕手法，突出墙壁，而身体渐渐由上至下隐于墙壁内，这是云冈石窟雕塑的特征。

040

宝顶山石窟

大足宝顶山又名香山。宝顶山的摩崖造像，营造于南宋淳熙六年至淳祐九年（1179~1249)，以长约五百米、形若马蹄的大佛湾为中心。造像布置精心，内容衔接，如一幅巨大的画

卷。宝顶山除佛像外，还有部分其他内容的雕像，如表现孝行的《父母十恩德赞图》、禅宗意味浓厚的《牧牛图》等，形象更贴近世俗，更为写实。

041

大足石窟

大足石窟位于重庆市大足区境内，是中国南方晚期佛教石窟艺术的代表。大足石窟主要凿建于唐宋时期，明清时期有所续凿。大足石窟中共有大小窟洞二十多处。突出者有北山、宝顶山、石篆山、南山、妙高山、石门山、佛安桥、玉滩、七拱桥、舒成岩等，其中又以宝顶山和北山最为闻名。大足石窟现存造像有5万多尊，除了主要的佛教造像外，还有少部分儒教、道教的造像。造像内容丰富、艺术精湛。佛教造像以密宗题材为主。○

042

密檐式塔

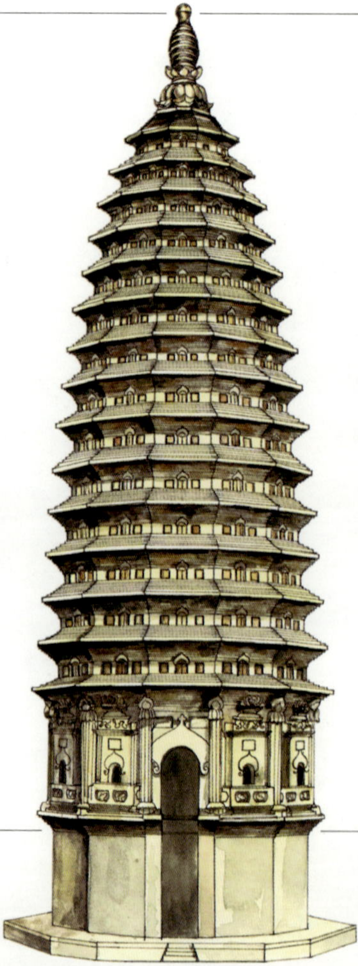

密檐式塔是在楼阁式塔由木质结构向砖石结构的转化过程中出现的，可以说密檐式塔是由楼阁式塔发展而来的。密檐式塔最大的特点就是塔身上有层层的塔檐紧密相连，但塔檐和塔檐之间还设有佛龛，内供佛像。不过密檐式塔的第一层塔身较高，除佛龛外，还辟有门窗，雕刻有花草等装饰图案。密檐式塔的建塔材料大都为砖类。

"经"就是经文，经塔自然就是指藏经文的塔。不过，一般所说的经塔主要是指塔身雕刻经文的塔，而不是在塔身内藏有经文或经书的塔，并且这种经塔多为经幢形式。在经幢的柱身上面雕刻有《陀罗尼经》或其他经文。唐代时，经幢的形体较为粗壮，装饰也很简单。宋代时，经幢的形体变得细长，装饰也变得华丽、繁复。

044

木塔

木塔是由木质材料建造的塔。在佛教刚传入我国的东汉及其后的一段时期，中国的佛塔主要以木为材料建造，并且是印度佛塔与中国木质楼阁相结合的形式。木塔既可以有楼阁的多样装饰与结构空灵等特征，又有塔的高耸、直立的特点，非常优美。

但是木质材料最大的缺点是容易被腐蚀、被火焚烧，所以现存的木塔实例已不多，其中最著名、最精彩的一座是山西省应县木塔。

045

塔门

塔门也就是塔身上的门洞。中国佛塔上的塔门在早期时是沿袭住宅建筑中房门的形制，开设成方形的门洞，这样便于安装门板。后来因受到墓葬中使用的券洞的影响而改用券门，以节省木过梁。当然，也有的塔门是在门洞的上方雕制拱券，而下方仍保留方形洞口安装门扇。塔门具体的样式更是多样，有素面不饰雕刻的，也有雕花繁复的；有木质的，也有砖仿木的；有真门洞，也有假门。

第二章

建筑元素

046

北京故宫铜狮子

北京故宫中有一些铜狮子，其中在内廷有5对鎏金铜狮，熠熠生辉，彰显威武。油画中的是一只雄狮，伸出右前腿正在玩弄绣球，张口露齿，呈咆哮怒吼状，颈上有鬃，颈下系铃和瓔珞。前肢做盔甲纹样装饰，大爪强劲有力，凶猛威严，不可一世。

047

庑殿顶

庑殿顶有一条正脊和四条垂脊，屋顶前后左右四面都有斜坡，非常特别。庑殿顶是中国古代建筑中等级最高的屋顶形式，在古代只有最尊贵的建筑物才可以使用庑殿顶，如宫殿、庙宇等。庑殿顶的建筑实例多见于明清时期的建筑，最著名的要数现存的明清紫禁城（北京故宫）中的太和殿。

根据资料记载，庑殿顶早在殷商时代就已出现。不过，现在对唐代中期以前的庑殿顶的具体结构已无从得知，晚唐以后渐有实例可查。其形象是屋面平缓，正脊较短，正脊两端为鸱尾而不是鸱首。明清时期的庑殿顶，屋顶的正脊都比较长了。○

049

歇山顶

歇山顶有一条正脊、四条垂脊和四条戗脊。在中国古建筑中的等级略低于庑殿顶。歇山顶在两侧山墙处，不再像硬山顶和悬山顶那样将山墙修筑在正脊处向下垂直一线，歇山顶的正脊比两端山墙之间的距离要短，因而歇山顶在上部的正脊一端和两条垂脊间形成了一个三角形的垂直区域，称为“山花”。在山花之下是梯形的屋面，将正脊两端的屋顶覆盖。

050 重檐歇山顶

“歇山”是清式叫法，在清代之前它又有“曹殿”“汉殿”“厦两头造”等不同名称。歇山顶在具体形式上又有最基本的单檐歇山顶，以及变化形式的二层、三层或多层屋顶的重檐歇山顶，还有最上面的屋顶可以不设正脊而形成卷棚式的卷棚歇山顶等变体形式。只要是一层以上的屋檐，就叫作“重檐”，最上面的屋顶是歇山，就是重檐歇山顶。

051

卷棚顶

卷棚顶也称“元宝脊”，其屋顶前后相连处不做成屋脊而做成弧线形的曲面，与普通的“人”字形屋顶不一样，没有屋顶端的正脊。由于卷棚顶形式活泼，在园林建筑中较多出现，譬如北京颐和园中的谐趣园，屋顶的形式全部为卷棚顶。○

“庑殿”和“歇山”一样，是清式说法，元明时期它又有“五脊殿”等名称。因为庑殿顶上共有五条脊，即一条正脊和四条垂脊，所以称为“五脊殿”。下图为重檐五脊殿。○

053

吴殿顶

吴殿顶也就是庑殿顶。“吴殿顶”是宋式叫法。关于五脊殿与吴殿顶，《营造法式》卷五的注中也曾提及：“俗谓之吴殿，亦曰五脊殿。”在元代的一些文献中，“吴殿”也曾被误写为“吾殿”。○

九脊顶也就是歇山顶，因为在歇山顶上共有九条脊，即一条正脊、四条垂脊和四条戗脊，所以叫作“九脊顶”。

055

四阿殿顶

四阿殿顶也就是庑殿顶，“四阿殿顶”是宋式叫法。“阿”是建筑屋顶的曲檐，“四阿”就是四面坡式的曲檐屋顶。庑殿顶共有五条脊、四面坡，所以叫作“四阿殿顶”。

『十』字脊顶

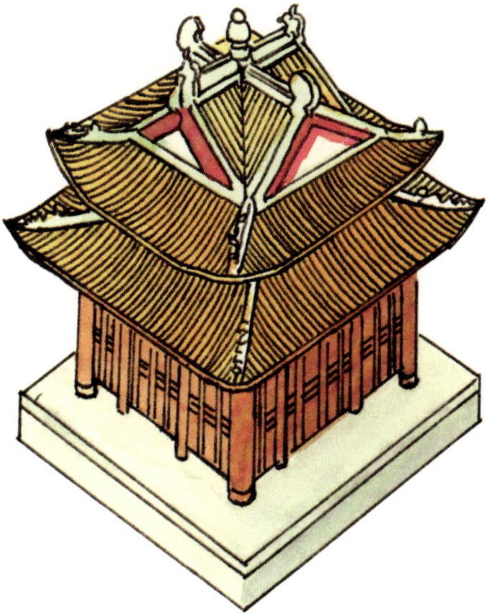

“十”字脊顶是一种非常特别的屋顶形式，它是由两个歇山顶“十”字相交而成。目前留存的比较有代表性的“十”字脊建筑是北京紫禁城的角楼。

057

盝顶

盝顶是一种较为特别的屋顶形式。这种屋顶形式是在屋顶上有四条各与四面屋檐平行的屋脊，四条屋脊围合成一个长方形或正方形的平顶，其四角各有一条垂脊向下斜伸，共形成四块坡檐。盝顶这种顶式在古代大型宫殿建筑中极为少见。

一般来说，重檐大多是指在一层建筑上有两层或两层以上的屋檐，比如，单层重檐歇山顶、单层重檐庑殿顶。但有的时候，人们也将一座多层建筑——只要是每层上都有一层檐，或是这座多层建筑的全部檐数加起来为二或超过二——叫作“重檐”。建造重檐也是一种提升建筑等级的做法，在相同式样的建筑中，重檐顶的等级要高于单檐顶。重檐屋顶的“重檐”，可以是上下屋檐平面相同的，也可以是上下屋檐平面不同的。

059

扇面顶

扇面顶就是扇面形状的屋顶形式，其最大特点就是前后檐线呈弧形，弧线一般是前短后长，即建筑的后檐大于前檐。建筑的两山墙若向内做延长线，可以交于一点。扇面顶可以做成歇山式、悬山式，也可做成卷棚式。扇面顶一般都用在形体较小的建筑中，并多应用于园林建筑。○

060

『人』字顶

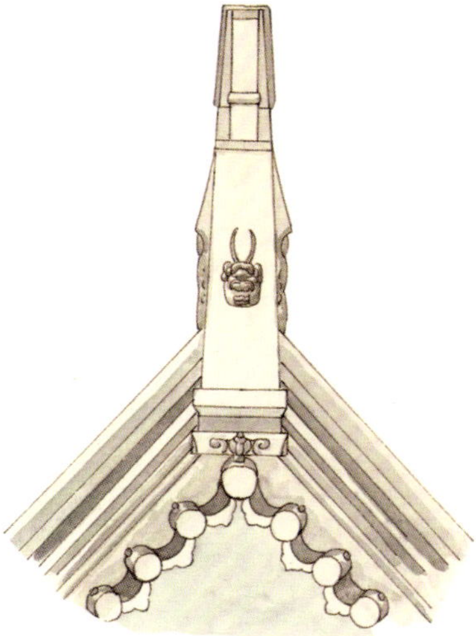

建筑的屋顶分为前后两面坡，两坡上端在屋脊处相交，形成建筑屋顶的正脊。这种两面坡屋顶从山墙立面看，其屋顶的形象就像是一个“人”字，所以人们把这种屋顶形式叫作“‘人’字顶”。“人”字顶是一般住宅较常用的屋顶形式，硬山顶、悬山顶都属于“人”字顶。○

061

悬鱼

悬鱼位于悬山或歇山建筑两端山面的博风板下，垂于正脊。悬鱼是一种建筑装饰件，大多用木板雕制而成，因为最初为鱼形，并从山面顶端悬垂，所以称为“悬鱼”。关于这个装饰还有一个典故。据《后汉书》记载：府丞送给羊续一条活鱼，羊续接受了却没有吃，而是将鱼挂在庭中。当府丞再送鱼来的时候，羊续便让他看悬在庭中的那条鱼，以此婉转地拒绝了府丞的第二次送鱼，明示自己不愿受贿的心意。后来人们便在宅上悬鱼，以此表示房主人清廉高洁。

悬鱼形象的变异

悬鱼最初为鱼形，取鱼代表水以压制火的寓意。悬鱼装饰在发展的过程中，鱼的形象渐渐变得抽象、简化了，出现了各种各样的装饰形式，有双鱼形、蔓草形、花卉形、水果形等，有的甚至变成了蝙蝠，以取“福”之意。○

063

吻

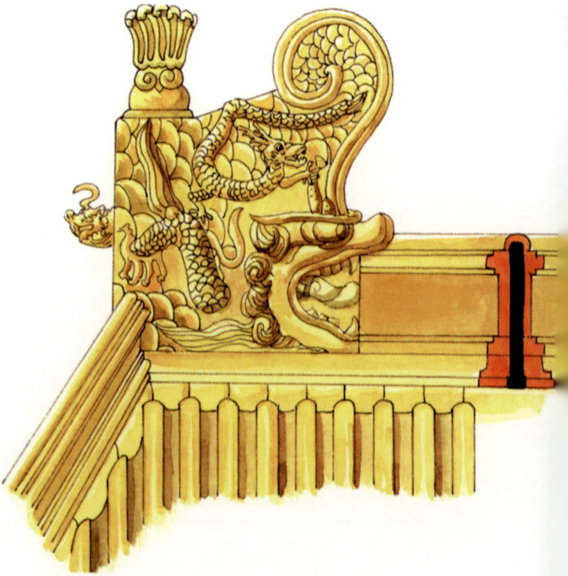

吻，也称“正吻”“大吻”，是明清时期建筑屋顶正脊两端的装饰构件，为龙头形，龙口大张咬住正脊。而在当时南方的有些地区则将之称为“鳞尾”，与大吻的样式有一些不同之处，如尾部卷曲时不并拢，或在边缘加有许多花纹等。根据现存资料来看，吻最早出现于汉代，如汉代的石阙、明器上就有“吻”的形象，不过，其形象与现今所能见到的明清时期的吻有很大差别。汉代的“吻”，大多是用瓦当堆砌的翘起的形状，尊贵的建筑中则多用凤凰、朱雀或孔雀等。由汉代至清代，“吻”有一个不断的发展过程，并且在工艺上也是越来越精美、生动。○

吻多由陶或琉璃制成。重要的宫殿、殿堂等建筑中，大多使用琉璃吻，北京紫禁城中的主要宫殿正脊两端的吻都是琉璃制品。太和殿屋脊上的大吻就是最典型的一例，高达3.4米，重约4.3吨，由数块琉璃件拼合而成。如此庞大而精致生动的装饰，让人不得不由衷叹服当时工匠的高超技艺。○

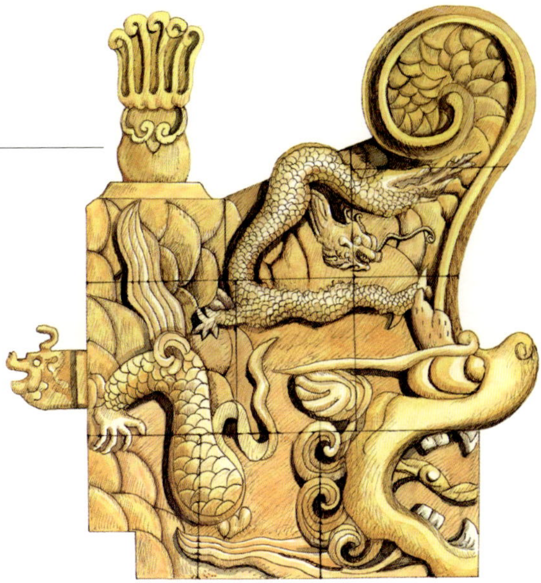

065

鸱尾

南北朝时期及其之后，鸱尾逐渐代替了汉代的朱雀等形象，成为正脊脊饰的新样式。郦道元在《水经注 · 温水》中就有“屋上构楼，高者六七丈，下者四五丈，飞观鸱尾，迎风拂云”的记载。鸱尾，原是一种鹞鹰。看来，这一时期的鸱尾还保留有一定的鸟的形象。

鸱吻

中唐至晚唐时期，鸱尾发展演变成带有短尾的兽头，口大张，正吞着屋脊，尾部上翘而卷起，被称为“鸱吻”，又叫“蚩吻”。据明代李东阳《怀麓堂集》记载：“龙生九子……蚩吻平生好吞。今殿脊兽头，是其遗象。”明人认为蚩吻是龙的儿子，而龙生于水、飞于天，人们将它放在屋脊上既是装饰，又有兴雨防火的寓意。

067

古代殿脊上的神兽

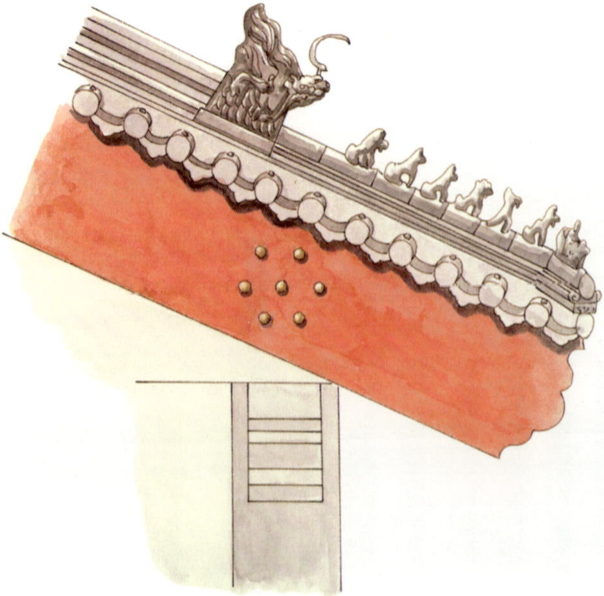

在古代建筑的屋脊上，除了正脊两端的吻之外，在垂脊或戗脊的脊端，还有很多走兽类的装饰，因为它们的形象都非凡间可见，所以也称为“神兽”。神兽的形态都很特别，非常有意思，不过它们的排列和所用数量是很有讲究的。民间建筑不允许使用脊兽，只有一些较高等级的祠庙建筑除外。民间建筑多只在脊端做一些具有避祸纳福寓意的装饰形象。在宫殿上所用神兽的数量，最高等级是十个，外加一个跨凤仙人。按顺序从下至上，也就是从前到后分别是仙人、龙、凤、狮子、天马、海马、狻猊、押鱼、獬豸、斗牛、行什。○

关于建筑上神兽的使用，清朝规定，仙人后面的神兽应为单数，按三、五、七、九排列设置，建筑等级越高神兽的数量越多。例如乾清宫，它是明清两代帝王的寝宫，在脊上就排列有九个神兽，按例是最高等级。交泰殿是皇后在重要节日接受朝贺的地方，较乾清宫低一级，所以只有七个小兽。但太和殿的地位显然比乾清宫更为显赫，因此在太和殿的脊上多设了一个神兽——行什，它是能飞的猴子，可以通风报信。故宫宫殿脊上的神兽，在色彩与材质上均与殿的屋瓦一致，和谐统一。它们立于脊上，除了区分等级，还有重要的装饰作用。脊兽多与底部瓦件连为一体烧造而成，也起到了封护瓦垄的作用。○

069

台基上的螭首

螭是传说中一种无角的龙，《楚辞 · 九章 · 涉江》中就提到过。螭首也就是龙头，在古代的碑额、殿柱、殿阶上常塑、刻有螭首形的花纹，起镇水作用。除纹样外也有雕刻成形的、突出建筑之外的螭首，常常设置在建筑下面的台基外部，栏板之下。宋代称螭子石，设置以固定地栿，清代台基上设置的螭首常与排水沟相通，有疏水之用。○

070

礓磋

礓磋是慢道的一种，即台阶不是分阶或分级，而是用砖、石等砌成搓衣板似的路，路面呈锯齿形，锯齿比较整齐，而且不突出过高。这样的路面不但可以行人，更方便车马通行。礓磋多用于车马出入频繁的出入口，一些大门还可以做成中间礓磋、两边台阶的形式。○

071

龙尾道

当坡道较长时，可以将坡道做成平、坡相间的形式，而这种长长的、逐步上升的坡道，是从唐代含元殿前的坡道而来。《雍录》中有“含元殿前龙尾道，坡陀而高者也”的记载，所以叫作“龙尾道”。龙尾道实际上就是一种形体较长的阶梯，用在宫殿建筑前方，以增加宫殿建筑的气势。关于唐代大明宫含元殿前的龙尾道，从上至下共有七折，分左中右三阶，中为皇帝行走的御道，两侧为臣僚上殿的通道。○

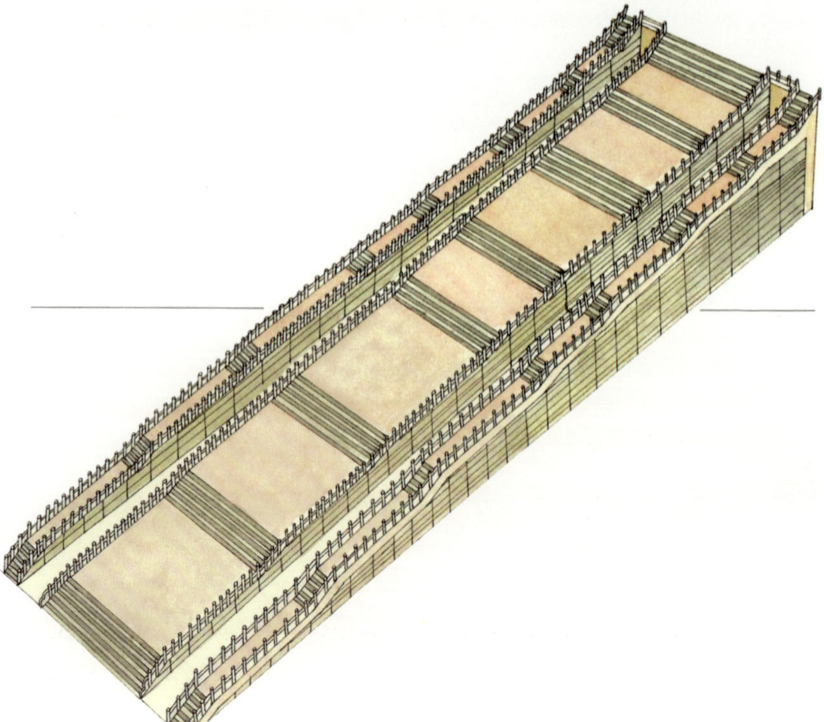

072

陛石

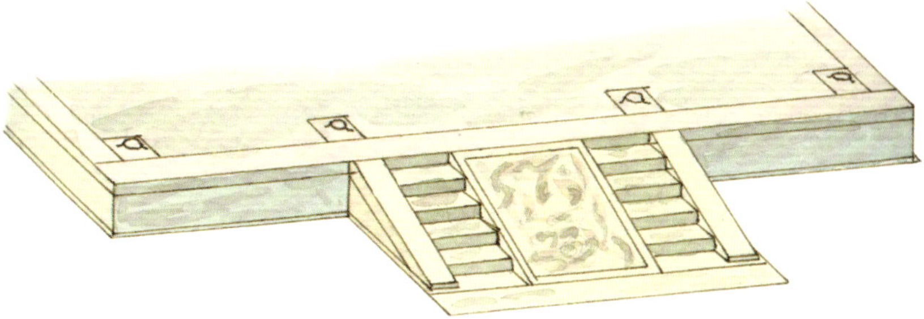

用来铺设御路的石块就叫作“陛石”。在高等级建筑中，台阶的中央都要设置带有龙凤等图案雕刻装饰的石材。这种石材斜置，体量较大，其上不做级式，不供蹬踏，而只是一种等级的象征，又称御路石或陛石。○

073

须弥座

须弥座原是佛教造像的底座，由印度传来。北魏石窟中已有须弥座的形象，但其形制较为简单。唐代后须弥座的装饰性增强。宋《营造法式》中虽未提及须弥座做法，但“殿阶基”中的记叙及随书附图相互印证，仍为须弥座的形象。明清时期保留了早期须弥座中有束腰、上下线脚装饰的形态与做法，但雕刻更为精美。须弥座应用范围较广，在建筑中以石须弥座为主，也有砖和琉璃砌筑的形式。除大型建筑之外，也可作为影壁、宫墙、牌楼等的基座。

074

束腰带雕刻的须弥座

不同的须弥座有不同的雕刻，雕刻的多少也不尽相同，而是繁简有异。雕刻最少的须弥座是仅在束腰部分实施雕刻，而上下枋、上下枭都不施雕刻。束腰部分除转角柱子之外，多雕刻一种花带与串花草构成的椀花结带图案，宗教性建筑则多在束腰上雕刻佛八宝。○

075

束腰和上下枋带雕刻的须弥座

在带有雕刻的须弥座中，比仅在束腰处做雕刻稍复杂的做法是：在束腰和上枋处，或者是在束腰和上下枋处，分别施以雕刻。○

076

全面雕饰的须弥座

在带有雕刻的须弥座中，除了仅在束腰处做雕刻和在束腰与上下枋同时做雕刻的形式外，还有满布雕刻的形式，即在束腰、上下枋、上下枭处都施以雕刻，这是须弥座雕刻中最为复杂的一种。当然，它的装饰性与艺术性也更强。

077 莲花须弥座

莲花须弥座就是须弥座雕刻以莲花纹为主，并且莲花形象非常突出。一般来说，莲花须弥座的莲花主要雕刻在上、下枭处，有“巴达马”花样和莲瓣花样两种。“巴达马”为梵文音译而来。其与莲瓣的区别是“巴达马”花瓣端头呈内收式，表面还要雕花，普通莲瓣端头则为尖状。比较突出的莲花须弥座，除了束腰，甚至是包括束腰在内，全部为莲花瓣，上下各为仰俯莲瓣形式，这样的须弥座大多是作为佛教造像的基座。○

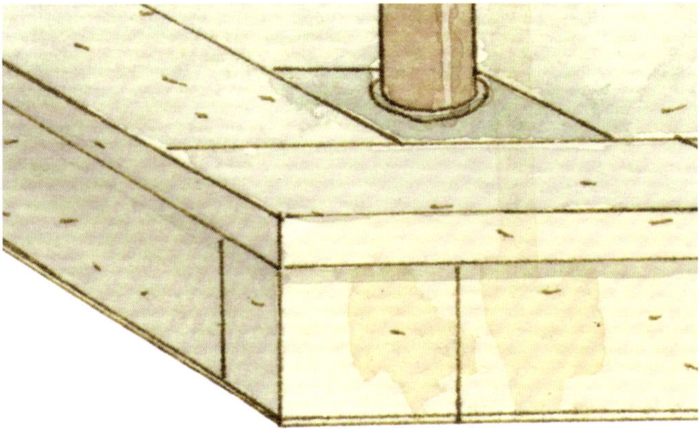

078

角柱石

角柱石是台基四个转角处设置的长方体石柱。宋代的《营造法式》中规定："造角柱之制，其长视阶高；每长一尺，则方四寸柱；柱虽加长，至方一尺六寸止。其柱首接角石柱处，合缝令角石通平。"清代时因为台基变矮，所以角柱石直接放置在阶条石下面，而不用角石。除了台基处设置角柱石以外，墙体转角处或建筑墀头部位均可设置角柱石。○

079

散水

散水是沿建筑、台基等四面铺设的一段地面。散水一般用砖铺墁，从墙或台基侧面向外倾斜以利流水。散水上承屋檐或

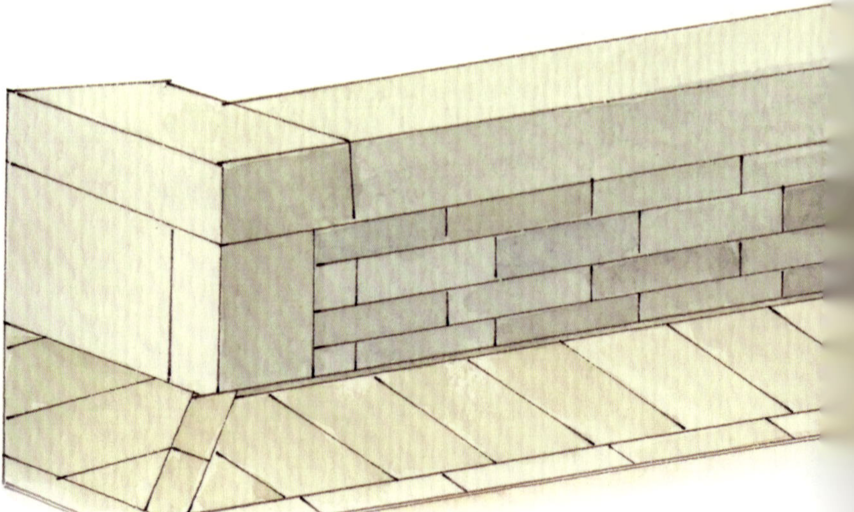

台基边沿掉落之水，因此其宽度要视上部出檐距离而定。散水铺地既可以美化建筑周围的地面，又能起到防止地基被雨水侵蚀的实际作用。○

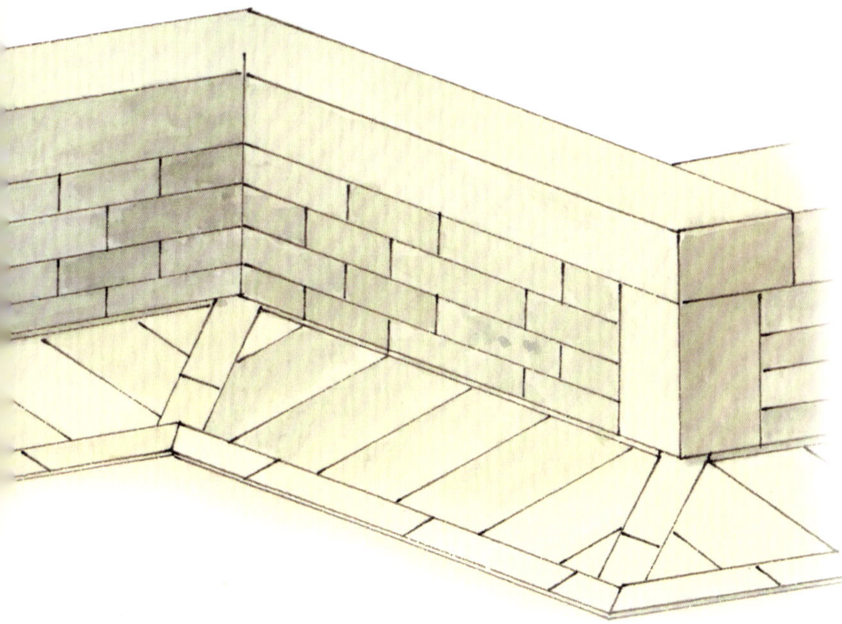

080

檐柱

建筑物檐下最外一列支撑屋檐的柱子，叫作“檐柱”，也叫“外柱”。檐柱在建筑物的前后檐下都有，也就是从平面图上看前后最外侧的两排柱子。○

081 金柱

在抬梁式建筑中，建筑物的前后檐柱或老檐柱以内，除了处在建筑物中轴线上与建筑的屋脊平行的一排柱子外，其余的柱子都叫“金柱”。金柱是清式建筑中的称谓，宋氏建筑中称其为内柱。在较大的建筑中往往有数列金柱，这其中距离檐柱较远的称“外金柱”，较近的称“内金柱”。

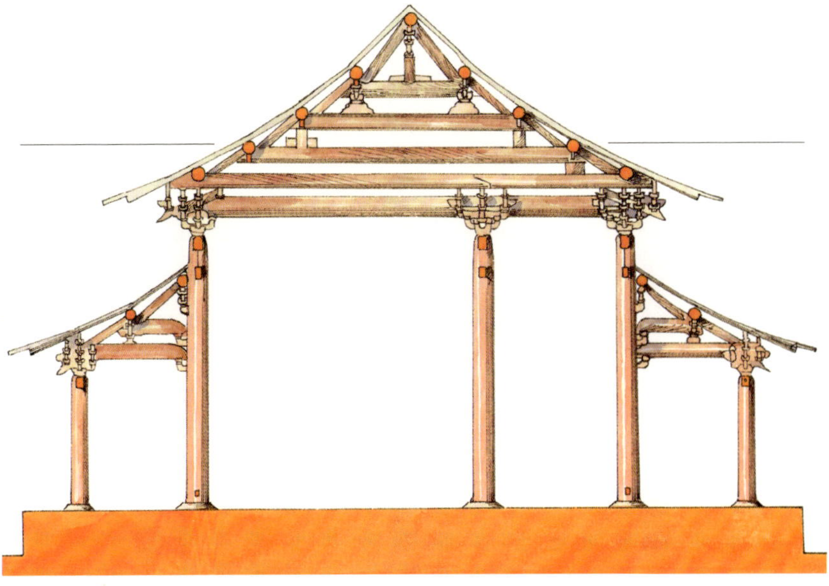

082

重檐金柱

重檐顶的建筑物中，在金柱的位置上支撑上檐的柱子，叫作“重檐金柱”。○

雷公柱

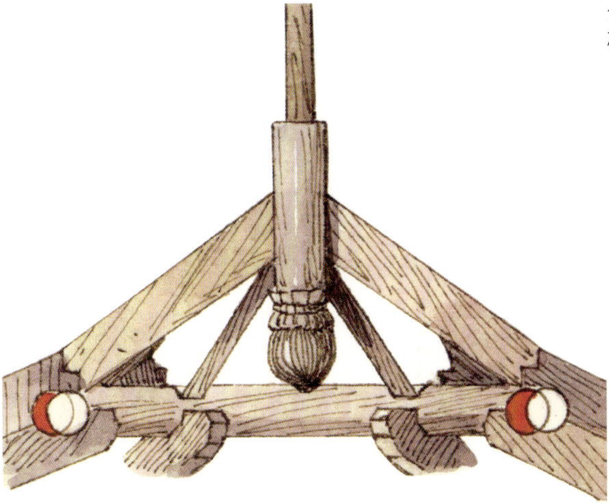

雷公柱主要用在庑殿顶和攒尖顶建筑中，是一种形体较短小的柱子。在庑殿顶建筑中，雷公柱用于支撑庑殿顶山面挑出的脊檩和两边的由戗，其上端支在正吻下，其下部立在太平梁上。在攒尖顶建筑中，雷公柱多直接悬在宝顶之下，只以若干由戗支撑。雷公柱下面的柱头通常做成垂莲形式，非常漂亮。而在较大型的攒尖顶建筑中，一般要在雷公柱下置太平梁，以减少由戗的负荷。

084

瓜柱

瓜柱是一种比较特别的短柱，它立在两层梁架之间或梁檩之间，因为其形体短小，所以宋代时就叫它“侏儒柱”或“蜀柱”。○

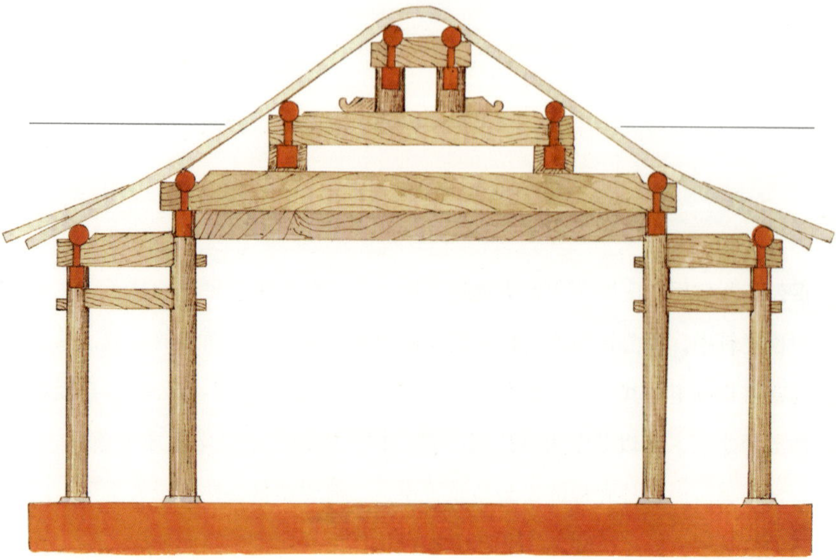

垂带栏杆

垂带栏杆,顾名思义，就是设置在台阶的踏跺两边垂带上的栏杆，其构件也是随着栏杆的不断发展而变化的，现存常见的垂带栏杆主要是由寻杖、华板、望柱等构件组成。垂带栏杆与一般栏杆的不同之处就是其整体形象是随着垂带倾斜的，即其各个构件在横向上均与垂带平行，其最下面一根望柱的前端常常置一抱鼓石以加固栏杆。

透瓶栏板主要由禅杖、净瓶和面枋等几部分组成。禅杖位于栏板的最上部，又称寻杖或上枋，也就是栏杆的扶手。栏板的下部是中枋和下枋，枋件间为华板。枋件和华板心部皆称池子，可在上面做雕饰。而处在栏板中间连接禅杖和面枋的

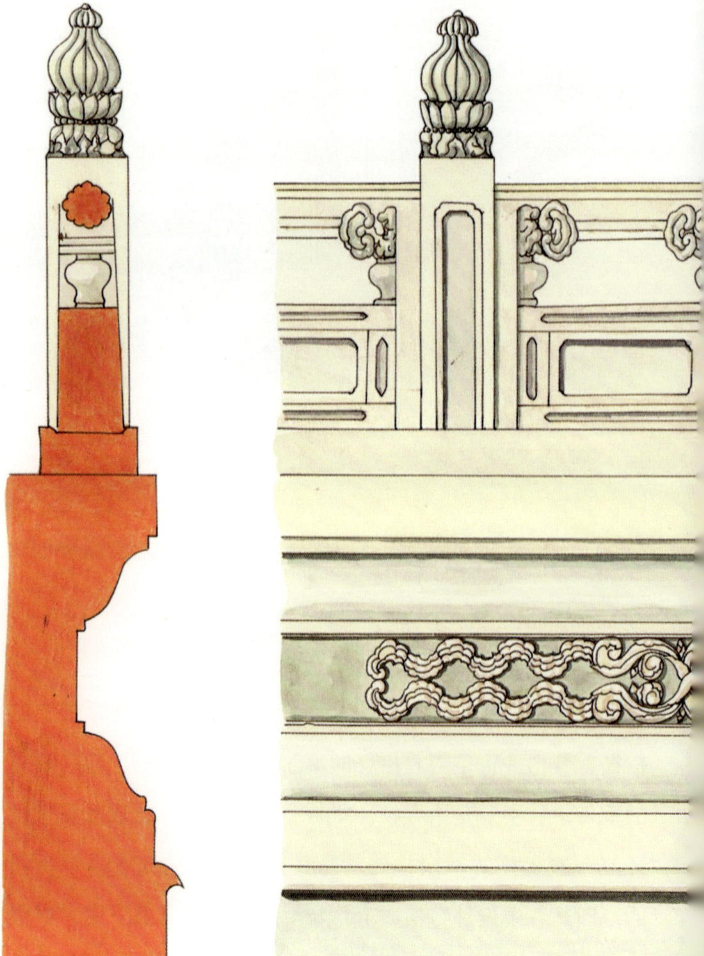

就是净瓶。标准式样的透瓶栏板，净瓶上多雕荷叶或云纹，面枋上则素作，即不加雕饰。其变化形式也只是在图案上有变化及在面枋上加装饰，净瓶的大形不能改变。毕竟这种栏板是因净瓶而得名的。

087

透瓶栏板中的净瓶

净瓶实际上就是一个瓶形的装饰。下部为瓶身，瓶口上雕荷叶、云朵等花纹。一般来说，在两个望柱之间有三个净瓶，中间是完整的瓶子，挨着望柱的则是半个瓶子。拐角处则多做成两个，且两个都是半个瓶子。○

088

望柱

望柱就是栏杆中栏板与栏板之间的立柱，俗称“柱子”。望柱主要由柱头和柱身两部分组成，柱身极为简单，多数情况下只做成方形石柱而不加雕饰，其变化主要表现在望柱头。

089

望柱头雕刻

望柱因望柱头的不同变化而区分为不同的种类。比较常见的形式有莲瓣头、复莲头、石榴头、二十四节气头、云纹、水纹、龙凤纹等。特别是地方风格和民间建筑中的柱头雕刻形式更是丰富多彩，各种水果、动物、人物故事，乃至琴、棋、书、画等无不可作为装饰题材。

望柱头雕刻形式丰富多样，它们在实际运用时有一定的讲究与等级。比如说，在同一个建筑上，地方风格望柱头可以采用多种式样，较为灵活，而官式建筑中则只能采用一种样式，要求严谨。此外，像龙凤装饰的望柱头，只有重要的宫殿建筑中才可使用。除规制外，一般还要根据建筑环境来使用不同的望柱头。

091

石榴望柱头

石榴望柱头就是雕刻成石榴形状的望柱头。标准的石榴装饰望柱头，可以用于宫殿建筑中，也可以用于园林建筑中，而变化形式的石榴望柱头，则多用在园林中。○

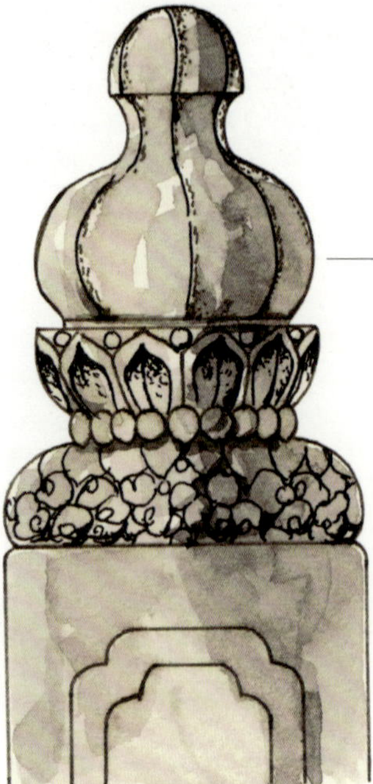

莲花望柱头就是雕刻成莲花形状或是雕刻有莲花纹的望柱头。莲花望柱头不论花形如何变化，大多都应用于园林中，像莲瓣、莲蓬、仰俯莲等。○

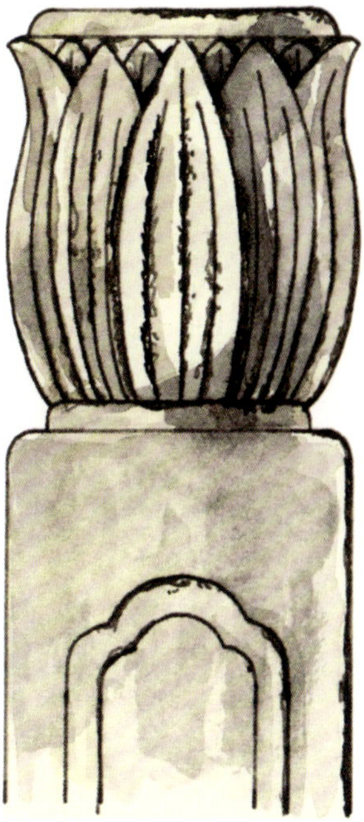

093

二十四节气望柱头

二十四节气望柱头，就是柱头上雕饰有二十四道纹路，用来象征一年中的二十四个节气。二十四节气望柱头多用于皇家建筑中，尤其是一些与自然有关的建筑或石桥等，如天坛、地坛等处的栏杆。○

094

枋

枋与梁一样是置于柱间或柱顶的横木，和梁所处的高度相差不多。不过，二者走向上差别较大：梁是置于前后金柱或是置于金柱与檐柱之间的横木，而枋则是置于檐柱与檐柱，或是金柱与金柱，或是脊柱与脊柱之间的横木。简单地说，大多数的梁是与建筑的横断面方向一致的，而枋则主要与建筑的正立面方向一致。枋因位置的不同，主要分为额枋、金枋、脊枋等。○

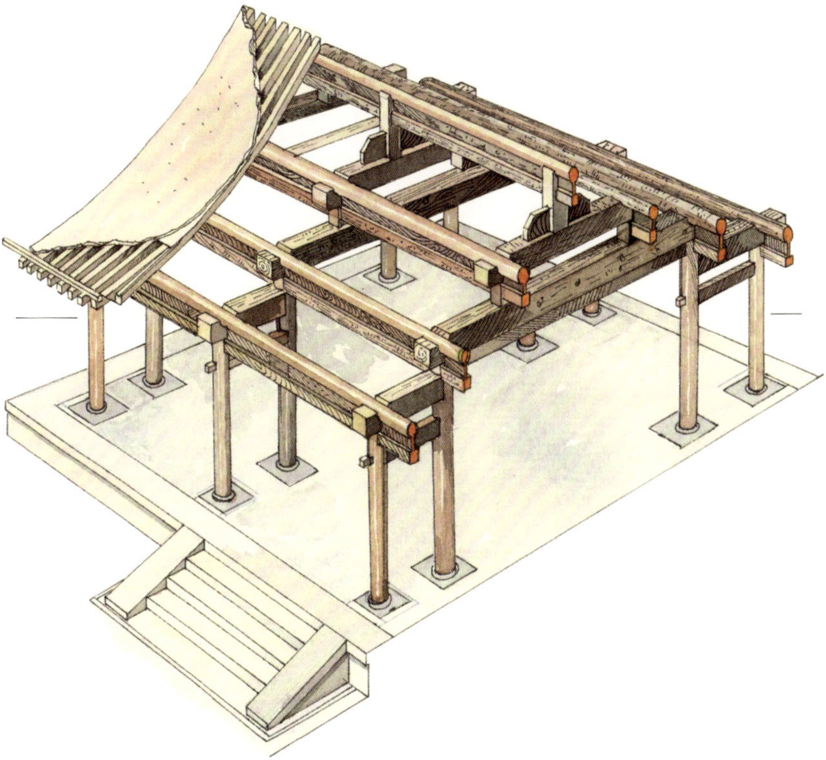

095

太平梁

太平梁一般用在庑殿顶建筑中。当庑殿顶建筑采用推山做法时，由于两山向外推出，脊檩要随之加长，那么其两端便悬空于梁架之外了。这段悬空的脊檩上面负有正吻、瓦等构件，增加了脊檩的荷载。为了安全与牢固，必须要在脊檩下面附加一些承重件，一般就是一梁一柱，这里的柱叫作“雷公柱”，梁就是“太平梁”。除了庑殿推山建筑外，在某些较大的攒尖顶建筑中，雷公柱下也要增设一根短梁作为承重件，这根短梁也叫作“太平梁”。

明栿，宋式大木作术语，即暴露在外的栿，在有平基的屋顶上指平基以下的栿，是彻上明造屋顶中的主体栿构件。明栿在屋中抬头可见，因此多做较为细致的雕刻处理，以月梁为代表。草栿，宋式大木作术语，一般指设置在平基以上的栿，是屋架的主体结构，因被平基遮挡，所以构件铲锛树皮后多不做细致处理，只稍事平整即做榫卯安装，更不做雕刻装饰。○

097

瓦钉

这是一种用于固定筒瓦的瓦作构件。西周时期的瓦钉是略突出于瓦身的乳钉形式，与瓦同时烧铸而成，战国时期则出现了独立的瓦钉形式，并配置瓦钉帽。独立的瓦钉与瓦钉帽的配套形式，直到清代琉璃瓦中仍被使用，主要应用于屋顶上坡面较陡的位置及檐部。

干槎瓦是一种板瓦铺设的屋面形式，在铺设屋面时在瓦垄上不使用胶结材料，而只利用瓦片上下叠合在一起构成完整的屋面。干槎瓦的形式在南方民居中较为常见。

099

龙草和玺彩画

龙草和玺彩画就是其枋心、藻头、箍头是由龙和大草调换构图的彩画。一般来说，是绿地画龙，红地画草，与龙凤和玺彩画的地有了较大的不同。其中的大草常常配以法轮共同呈现，称为“法轮吉祥草”“轱辘草”。

斗拱

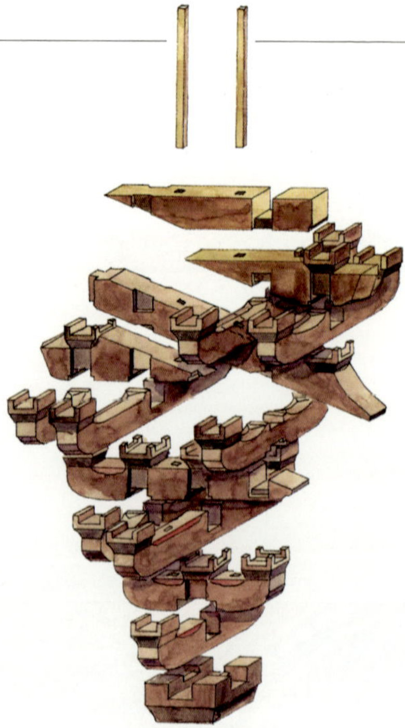

斗拱是中国传统建筑中特有的构件，是屋顶与屋身立面的过渡，也是中国古代木构或仿木构建筑中最有特点的部分。斗拱还是封建社会中森严等级制度的象征和重要建筑的尺度衡量标准，多用在较高级的官式建筑和皇家建筑中。据记载，斗拱的产生可追溯到周代末年，但直到秦代还都只有零星记载。汉代时，斗拱应用才多了起来，成为很多建筑上的重要木构件。汉代时的斗拱不仅用来承托屋檐，还可以承托平座，结构功能是多方面的，是建筑形象的一个重要组成部分。不过，斗拱组成构件的完备已是唐代时的事了。斗拱主要由水平放置的斗、升、矩形的拱及斜放的昂等构件组成。○

花牙子雀替是雀替中的一种，它相对于一般雀替来说，已经是纯粹的装饰构件了，常用于一般的住宅建筑和园林建筑上。花牙子雀替的整个图案都用较小的棂条拼成，或是雕刻的卷草等纹样，比较简洁、轻盈、灵巧、通透。○

102

回纹雀替

在雀替的众多雕刻纹样中，回纹是比较常见的一种。它是一个近于方形的折线纹样。连续不断的回纹，常常象征幸福、喜事等绵延不绝。回纹大多作为装饰件的边框图案，而回纹雀替则是整个雀替纹样都雕作回纹。○

梅花耐寒，绿竹常青。梅与竹也是我国古代建筑装饰中极为常用的题材，尤其是文人雅士，多用梅、竹等植物纹样作为装饰，既显自然清新，更显高雅不俗。梅竹纹雀替就是雀替上的雕刻纹样为梅与竹。○

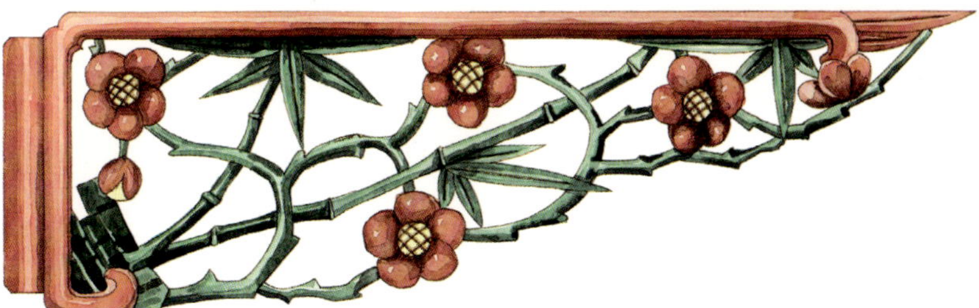

104

牡丹花雀替

牡丹花雀替，即雀替的雕刻纹样为牡丹。牡丹可以和凤凰结合为一个“凤穿牡丹”图案，可以和花瓶结合为一个“富贵平安”图案，也可以单独作为装饰图案。单独作为装饰图案的牡丹，富丽典雅，而运用在雀替中，其花茎还大多采用柔美曲折的线条，看似卷草，这样的花茎和大朵的牡丹花结合在一起，非常动人。○

105

蔓草回纹雀替

蔓草纹有卷曲、延伸和连续不断等特点，绵延而柔美多姿。回纹也同样具有回旋往复不断的特点。两者结合作为雀替纹样，自然有连绵不断、完整的寓意。同时，回纹轮廓方正，而卷草飘逸，又形成一种纹样形象上的对比，丰富了纹样形式。

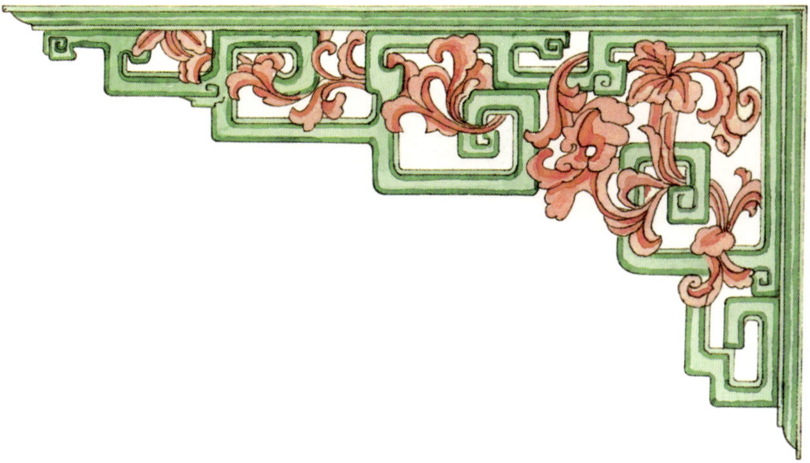

106 卷草纹雀替

卷草也称“蔓草”，是唐代时最为流行的装饰纹样，所以人们也将之称为“唐草”。在雀替中的卷草纹就是充分发挥了卷草柔顺、飘逸的特色，结合着雀替的造型，美妙可爱。

葫芦本是很平常的植物，但它的形状非常可爱，上下两个圆圆的葫芦身，中间是丫丫，俗称“丫丫葫芦”。古代传说中的很多仙人，往往用葫芦盛酒，如八仙中的铁拐李就常背着一个大葫芦，葫芦因而带有了一种仙意。在我国传统装饰图案中，葫芦表示的是子孙万代，雀替中使用葫芦纹样也是取这个寓意。

108

草龙雀替

草龙雀替就是雀替中的雕刻纹样为草龙。草龙实际上非龙非草，或者说是龙与草结合演化而来的一种图案。草龙图案只有中心部分有一似龙头的形象，而龙身、龙尾则都是卷草形象。草龙的形象非常漂亮，既能显示出龙的精神与气势，更有卷草的飘逸柔顺之姿。

109 福寿雀替

雀替中雕刻有蝙蝠和寿桃图案时，称为“福寿雀替”。因“蝠”与“福”同音，蝙蝠在我国古代有“福”的象征意义，而桃子又称“仙桃”“寿桃”，常用来表示“寿”。因此，蝙蝠和寿桃结合的图案就称为“福寿图”。

110

平棋

平棋在宋代《营造法式》中叫作“平綦”。平棋是天花的一种，在木条拼成的方格天花中，平棋因为是由大方格组成，仰看就像一个棋盘，所以得名。“平棋”这个名称主要是宋式天花的叫法。○

早期平棋的方格都很大，使用的木条也较粗，并且方格大多是长方形。辽、宋直至明代时，也还有长方形方格的平棋，后来方格逐渐缩小，并且渐向正方形转变，到了清代几乎全部成了一色的正方形方格。○

112

团龙平棋

团龙平棋是平棋的一种，它是在平棋内装饰团龙纹样的天花形式。龙是中华民族的象征，而在中国古代，龙代表天子，所以龙纹或是以龙纹为主的装饰纹样，一般只能在皇家建筑，或是较大型的寺庙建筑中使用。○

113

井口天花

井口天花是天花的一种，不过它是清式天花名称。井口天花的做法是不用框架拼接，而是直接把横直交叉的木条搭在贴梁上，同样形成许多方格，然后在每格内镶嵌一块天花板，其露明部分一般都要绘制彩画。

114

斗八藻井

斗八藻井是八个面相交，并向上隆起形成穹隆顶的形式。斗八藻井是宋辽时代较常使用的藻井形式，在宋《营造法式》中叫作“鬬八藻井”，由底层方井、中层八角井和最上部的鬬八共同构成，藻井心以垂莲、雕花卷云或明镜装饰。(宋《营造法式》“造鬬八藻井之制：共高五尺三寸。其下曰方井，方八尺，高一尺六寸；其中曰八角井，径六尺四寸，高二尺二寸；其上曰鬬八，径四尺二寸，高一尺五寸”。)○

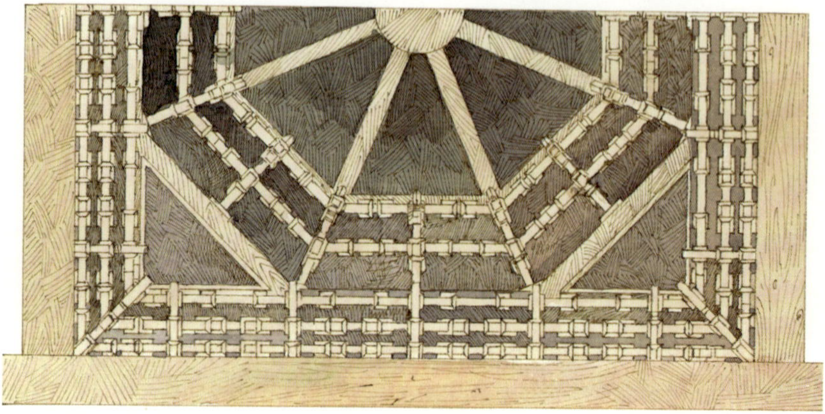

海墁天花

除了平棋、平闇、井口天花等较高级的做法之外，还有一种使用木条组合而成的方格形天花，可叫作“海墁天花”。海墁天花大多用在较小的房间内，虽然也是由木条构成的格构，但木格构的尺寸要小得多，更像是一扇扇固定在梁柱间的木隔扇，而且木隔扇上部还设木条（叫作“木吊挂”）与屋架相连接。木隔扇下部或是铺板，或是糊纸，并且直接在板或纸上绘制一些简单的彩画，使用的图案大多是水草之类，也比较简单，不甚讲究。○

牌坊的结构主要有顶、枋、柱、基础等几个部分。牌坊的形式有很多种，从开间的多少来说，有一开间、三开间、五开间、七开间等。牌坊的其他构成要素也依开间的多少而产生变化。一开间的牌坊一般只有一个檐顶、两根柱子，而三开间以上的牌坊，檐顶的数量可以比开间还多。牌坊檐顶也多是按间来分，并且处在不同的位置有不同的名称，分别是主

楼、次楼、稍间楼、边楼、夹楼等。有部分牌坊的檐顶是在两间的两个顶之间又夹有一个小顶的形式，这样的小顶就叫作“夹楼”。基础是牌坊的重要组成部分，一座牌坊的稳定性主要靠它的基础。基础包括地面和地下两部分，地面上的部分称为基座。木牌坊和石牌坊的基座设置一般不一样：木牌坊大多使用夹杆石，夹住牌坊的柱脚；石牌坊的基座一般做成须弥座形式。○

在北京的朝阳门外，还可以看到一座琉璃牌坊，这就是北京东岳庙的琉璃牌坊。牌坊上贴有琉璃装饰，琉璃上面雕有浮雕缠枝花图案，正脊中间还有太阳图案，风格简古、淡雅，较为特别。

117

东岳庙琉璃牌坊

118

木牌坊

木牌坊就是用木材建造的牌坊。因为它用的是木制材料，而木材较为易得，所以木制牌坊也就成为了牌坊中出现最早的形式。石牌坊和琉璃牌坊等都出现在木牌坊之后。元代之前，各类坊门、棂星门等，主要为木材建造，这是中国建筑的传统用材。虽然木牌坊为木料制成，但这只是它的主要用材。它的基石和楼顶，用的材料大部分是汉白玉石等石材，还有一些使用琉璃瓦顶。○

冲天牌坊得名主要是因为牌坊中的柱子形式。冲天牌坊就是牌坊中柱子的柱头高出横枋或楼顶的一种牌坊，也就是说，冲天牌坊的最高点不再是位于最高处的那根枋，或者不再是位于最高处的屋顶，而是牌坊中的柱头。冲天牌坊突出的柱头部分一般都有装饰，或是饰云纹，或是设蹲兽，或是同时装饰云纹和蹲兽。○

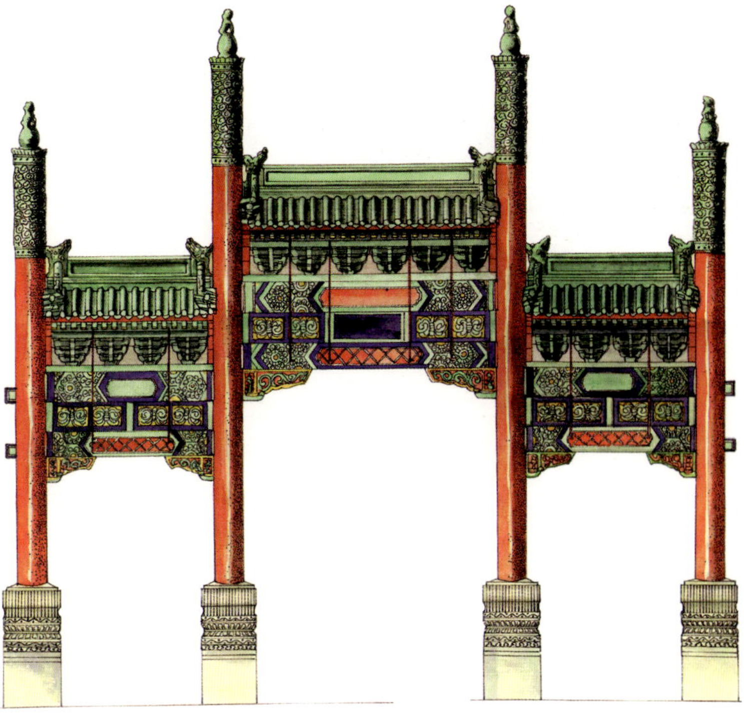

120 门式坊

门式坊实际上是一种门，因为它的形象有牌坊的特征，所以叫作“门式坊”，也可叫作“牌坊门”。如一些地方民居大门贴墙建成牌坊式，即为门式坊。○

广亮大门是北京四合院大门的基本形式，也是各种四合院大门中等级最高的一种。其过道在门扇内外各有一半。广亮大门是贵族人家才有的大门。清朝时，只有七品以上官员的宅子才可以用广亮大门。广亮大门的进深略大于与它毗邻的房屋，有的广亮大门门槛可抽出，以便车马能通行。广亮大门的屋顶内部多不设天花，直接裸露屋顶木结构。大门外檐多用彩画装饰。○

外檐装修

中国传统建筑将木质的门、窗、隔断、挂落、罩、天花等，统称为“装修”。因此，依据装修所处位置的不同，分为内檐装修和外檐装修两种，其中的外檐装修就是位于室外，用来分割

室外空间的装修。外檐装修主要有：处于建筑内部和外部之间的门、窗，以及处于建筑外廊与院落之间或外廊与廊外空间之间的栏杆。门有风门、屏门、帘架等，窗有槛窗、支摘窗、什锦窗等，栏杆中有靠背、挂落等。○

123

大门

大门是建筑物的主要出入口，安装在院墙门洞或大型建筑的门楼之下。大门取材坚固，用料厚重，一般都是板门而不做隔扇门，也就是说门板为实板而不通透，具有更好的遮挡作用与防卫性能。门板可以用木料，也可以用铁等材料，或是木料包铁、包铜，甚至是贴金等。为了固定大门的门扇，在门扇与门柱之间还要加装门框，这样一来门扇的宽度自然要小于大门门柱之间的宽度。门框的增加则又必须要同时增加许多门类构件，所以大门的结构看起来貌似非常简单，实际上也有很多细部的装饰与讲究。大门门扇从大的方面来看，有实榻门和棋板门两种不同做法，从具体构件上来看，大门门外多安有门钹，门内有插栓。讲究的大门门板多施油漆，尤其是朱红漆最显示等级。此外，在官宦住宅和皇家宫殿建筑的门板上，还多装饰有门钉，门钉一般为五路到十一路，门钉的多少能严格地区分出建筑的等级。○

大夫第

124

实榻大门

实榻大门是板门的一种，它是一种安于中柱之间的板门，由实心原木板材拼接而成，常用于宫殿、王府等较高等级的建筑群入口处。宋代时的板门就专指实榻大门。实榻大门的具体形式是，其门心板与大边一样厚，因此整个门板显得非常坚固、厚实。○

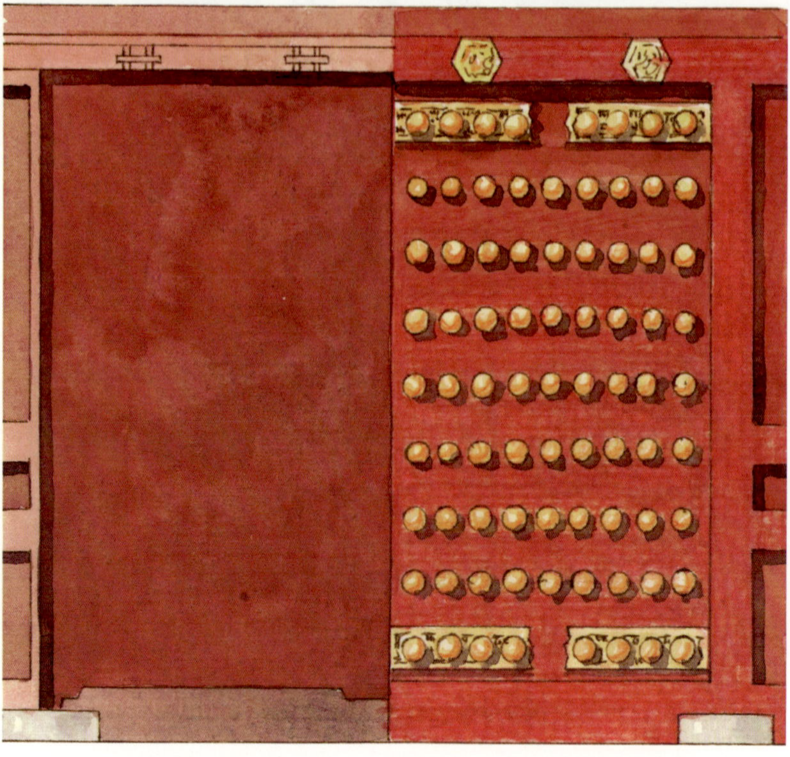

棋盘门也是板门的一种，它与实榻大门的做法有所不同。棋盘门是先用边梃大框做成框架，而后再装门板，在其上下抹头之间用数根穿带（木条之类的连接件）横向连接门扇，形成方格状，所以门扇看起来好似棋盘，因此称为“棋盘门”。棋盘门中较讲究一些的为镜面板门。它除了采用一般棋盘门的做法外，还要特别将门的靠外一面做得平整无缝，不起任何线脚，平整光洁有如镜面，因此而得名。○

屋宇式大门

屋宇式大门是大门中的主要形式，呈现为一座单独的房屋建筑形态，既是门又是屋。它是最为常见的一种大门形式，上自皇帝的宫室，下至普通百姓的住宅，都有较为广泛的应用。屋宇式大门有两种不同的形式，一是完全独立的单体建筑式“门屋”，二是倒座建筑与出入口相结合的“门塾”。○

金柱大门

金柱大门是北京四合院大门的一种，等级略低于广亮大门。由于金柱大门的门扇装在了中柱和外檐柱之间的外金柱位置上，因此，门扇外面的过道浅而门扇里边的过道深。此外，金柱大门的屋脊为平草屋脊，正脊两端用雕刻花草的盘子和翘起的鼻子作装饰。金柱大门门前的台阶不似广亮大门的台阶两边有垂带，而是前、左、右三面均为阶梯，都可踩踏。

128

蛮子门

蛮子门也是北京四合院大门的一种，等级比金柱大门略低。门扇装在靠外边的门檐下，在气势上不及广亮及金柱大门，但里面的空间很大，可以存放物品，较实用。蛮子门前的台阶是礓碴形式，便于通行车马。○

如意门比蛮子门更低一级，是北京四合院中最为常见的大门形式。如意门的正面除门扇外，均被砖墙遮挡住。早期的许多如意门是由广亮大门改装的，平民买了贵族宅子，不敢逾制，将之改建。如意门上有一种特有的装饰叫砖头仿石栏板，位于屋檐下，上面有漂亮的雕刻图案，这也是如意门的重点装饰部位和最富特色之处。○

130

垂花门

垂花门也就是带有垂柱装饰的门。一般的大门，如有檐柱，则柱体都是上撑门檐、下达门前的台基或地面，具有承重的实际作用。而垂花门的门前檐柱是不到地面的，并且只有短短的一节，悬挂在门檐下两侧，形成垂势。在这下垂的柱头部，做成花瓣状或吊瓜状，因此被称为“垂花”。垂花门不但悬垂的门柱漂亮、精美，而且柱子之间的额枋，也多采用镂空雕花装饰，或绘制精致的彩画，五彩瑰丽。北京四合院中多建有垂花门。○

乌头门

中国古建筑中，门的种类很多。在众多种类的门中，以两立柱一横枋构成一门，柱头上染成黑色的，被称为乌头门。乌头门其名在很多留存史籍中都可见到。《唐六典》中有："五品已上得制乌头门。"《宋史》则有"六品以上宅舍，许作乌头门"的记载，可见乌头门还是体现一定等级的大门。《册府元龟》中有关于乌头门形状的描述："二柱相去一丈，柱端安瓦桷，墨染，号乌头。"在宋代官方编著的建筑制度专著《营造法式》中，就有关于乌头门名称的记载。

券门

券门也可以称为“拱券门”。拱券一般都是由砖石砌筑，所以券门也就是指用砖石砌成的半圆形或弧形的门洞。拱券一般即是指拱圈，有时候为了叙述方便而将整个拱称作“拱圈”，将单独的一个圈称作“券”。拱圈是拱券门或拱形建筑的主要承重部分，大多为圆弧形，有大于半圆的，也有小于半圆的，还有尖拱券形式。拱券门的形状本身就非常优美，很多拱券门的门洞边缘，即券脸等位置还常装饰雕刻图案，让拱券门在实用性中更添艺术性与观赏性。○

将军门是古代显贵之家或寺庙宫观才能使用的一种门的形式。将军门用材较多，门的形体与气势都很大。门扇装在正间脊桁下。门扇上部为额枋，枋与柱相连。额枋上设门簪以悬置门匾。门的下面是高高的门槛，也就是门档，高度约占门的四分之一。此外，因为将军门宽度较大，所以除了正中的两扇门板外，在其两侧还各设一扇带束腰形式的门板。气势不变，而形式丰富。

134

门钹

建筑的院落内外空间的连通与隔断靠的是门扇的开合，而门扇的开关是借助拉手实现的，同时，拉手还具有叩门的作用，这是拉手的实用功能。而随着拉手的不断发展，人们不但注重它的实用性，同时也开始逐渐关注它的艺术性与审美作用。所以，为了使拉手看上去更为美观，在拉手与门板的连接处又加上了底座，称之为“门钹”。这种门钹在实用性之外，带有强烈的装饰意味。门钹因其形状类似民间乐器中的“钹”而得名。门钹是用金属制成，平面为圆形或六边形，中部凸起一个如倒扣着的碗状的圆钮，钮上挂着圆环或金属片，圆钮周围部分被称为“圈子”，上面雕有镂空花纹，也有做成吉祥符号或如意纹的，这是为了增加门钹的装饰效果。门钹中最有特色的形式当是铺首，有人将之称为门钹中的极品，它是一种带有驱邪含义的传统的门上装饰。

铺首是门钹的一种，多为兽面铜质。兽形怒目圆睁，牙齿暴露，口内衔着大环。据出土的汉代画像砖可知，汉代时已有这种门上装饰。汉代的文学作品中也有对铺首的描绘，如司马相如在他的《长门赋》中所写：“挤玉户以撼金铺兮，声噌吰而似钟音。”铺首的兽面似龙非龙、似狮非狮，传说是龙生九子之一的椒图，性好闭。明代杨慎在《艺林伐山》中说：“椒图，其形似螺蛳，性好闭，故立于门上。”还有一种说法，说铺首的原型就是螺蛳，《风俗通义》里就记载着这样一段有趣的故事：“公输般之水上，见蠡，谓之曰：‘开汝匣，见汝形。’蠡适出头，般以足画图之，蠡引闭其户，终不可得开，般遂施之门户，欲使闭藏当如此周密也。”于是将它的形象画在大门上，作为坚固和安全的象征。○

136

门枕

在建筑的大大小小的门洞处，为了承托门扇，往往在门下的下槛两端设置墩台，墩台上凿有小眼用以放置门轴。这种承托门扇门轴的墩台，就叫作“门枕”。门枕有石质的，也有木质的，以石质居多，石质的门枕又称“门枕石”。门枕石一般分为内外两部分，即一部分在门扇内，一部分在门扇外，在门扇之外的这一部分，往往多做雕饰，如北京四合院大门前的抱鼓石。○

抱鼓石是一种比较富有装饰性的建筑设施，表面有很多的雕刻，内容多为花草鸟兽、吉祥图案等，如莲花、牡丹、宝相花、卷草、狮子滚绣球，以及麒麟卧松、犀牛望月、松鹤延年等，丰富精美。门前抱鼓石主要立于宅门口两侧。宅门前的抱鼓石以圆形鼓子为主，除了圆形鼓子外还有方形鼓子。不论是方形鼓子，还是圆形鼓子，都是与门枕石连做在一起的，门枕石位于门内，抱鼓石位于门外，门槛设置在门枕石与抱鼓石之间为界。圆形鼓子多用于大中型宅院的宅门，方形鼓子比圆形鼓子小，多用于体量较小的宅门。一般来说，立在门前的抱鼓石都分为上下两部分，上面是约占抱鼓石全高三分之二的鼓子，下面是须弥座，方形抱鼓石的鼓子又叫作“幞头”。

圆形抱鼓石

圆形鼓子多用于大中型宅院的宅门，一般分为上下两部分。上部为圆形鼓子部分，约占鼓子全高的三分之二，由一个大圆鼓和其他装饰组成，大圆鼓中心为花饰，两边有鼓钉，鼓面有金边，其具体形象因雕饰不同而有所差异。圆鼓子的侧面中心花饰为相对独立的形式，内有花纹，也有草纹、动物纹、神兽纹，还有一些吉祥纹，内容丰富，变化多端，其中以转角莲花最为常见。圆鼓子的正面一般雕刻着如意草、荷花、宝相花等图案，鼓上还可加雕狮子或兽面的形象。鼓子下部为须弥座，与一般的须弥座一样，由上枋、下枋、上枭、下枭、束腰、圭角等部分组成。不同的是，在须弥座的三个露明立面有垂下的包袱角形象，上有精美的雕刻。○

双交四椀菱花是菱花图案的一种，有正交和斜交两种。正交是棂条呈九十度垂直相交，并且相交的线与隔扇边框线平行，即竖向线与竖向边框线平行，横向线与横向边框线平行。斜交是棂条本身的相交依然为九十度，但与边框则呈四十五度角。○

140

槛

之所以有“槛窗”这样的概念，是与“槛”紧密相连的，那么什么是“槛”呢？用以安装门窗隔扇的框架叫作“框槛”，分为槛和抱框两部分，槛是门窗框架的一部分，抱框是门、窗扇左右紧贴柱子而立的竖向木条，也叫抱柱。槛是框槛中的横向部分，是两柱之间的横木，位于最上面紧贴檐枋的叫上槛；横披之下门窗扇之上的叫中槛，中槛也叫挂空槛，南方则叫照面枋；而最下部贴近地面的为下槛，南方也叫脚枋。一般建筑多在上、中槛之间安横披，而在中、下槛之间安装门扇和窗扇。较矮小的房子只有中、下两槛，所以也就没有横披。○

祥雯輝紫極璇閣凝

141 菱花隔扇

菱花隔扇是指隔心部分采用菱花图案的隔扇，一般用在外檐门窗之中。菱花隔扇的等级很高，只有皇家的宫殿、园林、坛庙、帝陵和一些寺庙建筑可以使用。菱花的具体式样又有多种，其中以双交四椀、三交六椀最为常见。○

142

步步锦窗棂格

步步锦是由长短不同的横、竖棂条按照一定规律，组合排列而成的一种窗格图案，棂条之间有“工”字、卧蚕或短的棂条连接、支撑。步步锦在四合院民居中运用较为广泛，很受人们的喜爱，一来是因为它的图形优美，二来又有“步步高升，前程似锦”的美好寓意。

143

龟背锦窗棂格

龟背锦是以正八角形为基本图案组成的窗格形式，看起来就像是乌龟的背壳图案，所以称为“龟背锦”。龟是长寿而吉祥之物，古人以龟甲纹作为窗格棂条图案，不仅美观生动，而且还有“延年益寿”的吉祥寓意。

144

石子路

石子路即是用不规则的小块碎石铺设的路面，其中有带花饰的方砖，有砖间镶嵌瓦片、石子组成的图案，有用各色块石摆成的图案。这一类铺地多用在园林之中。○

就是用鹅卵石铺墁的地面，多采用大小相似的卵石组合铺地。鹅卵石铺地可通过石子本身的色彩组合变化纹饰，但更多的做法是同时使用砖、瓦等铺设纹饰轮廓的卵石铺地，非常富有自然气息与生活趣味。○

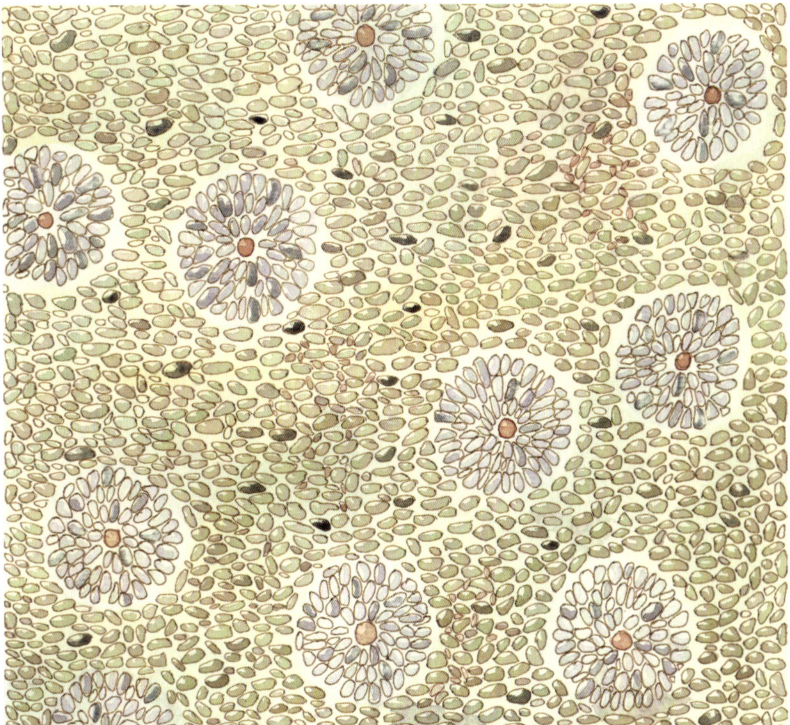

146

波纹式铺地

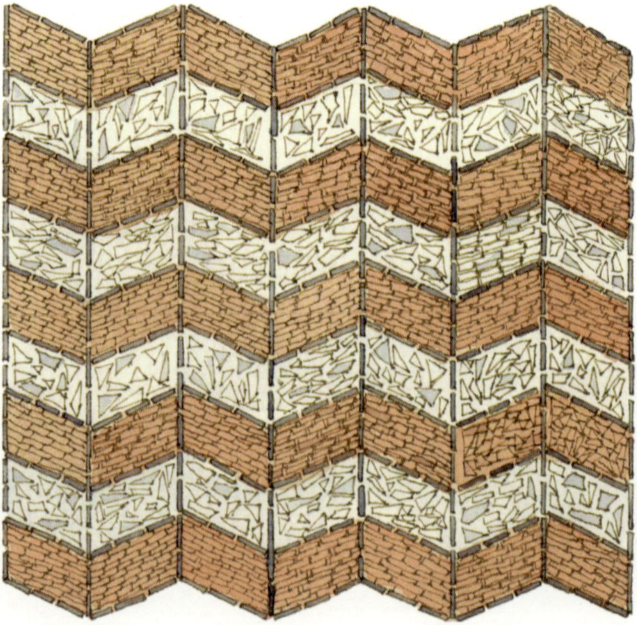

波纹式铺地是用残砖、剩瓦铺设而成的铺地，并按照一定的弧度、厚薄来铺砌，以形成特定的纹路与图案，也就是波纹式的纹路。波纹式铺地大多应用在园林和庭院之中。

球门式铺地要用完整而均匀的瓦料，先立砌出球纹，然后在球纹中嵌入鹅卵石，具体的图案可以根据需要与主人要求而定。球门式铺地一般也多应用于园林和庭院中。○

148

『万』字芝花铺地

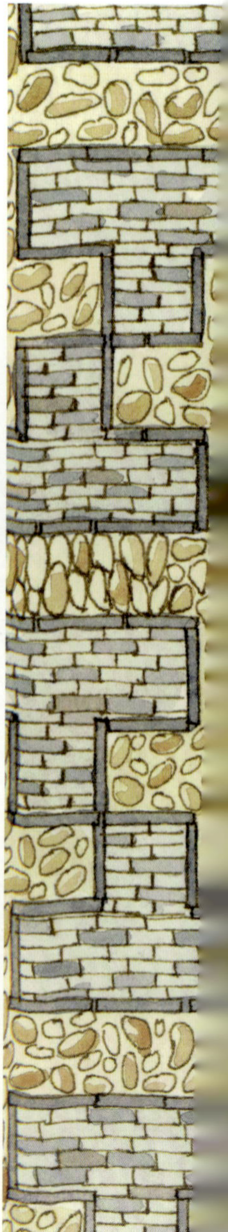

“万”字芝花铺地是用碎砖、瓦片和小卵石等，铺设出“万”字纹和芝花纹图案。芝花呈“十”字形，“万”字纹的中心也是“十”字形，交相辉映。同时，“万”字纹又大多铺设得连续不断，之间的连接也可长可短，而芝花多是一个个独立形象，穿插在“万”字纹中间。两者既是同一纹样的组成部分，又各显特点。

149

鱼鳞铺地

鱼鳞铺地就是铺地的纹样为鱼鳞形式。鱼鳞铺地的鱼鳞形外框大多以瓦为界，框内铺设碎瓦或卵石等。一大片的鱼鳞铺地，仿佛是波纹水浪，线条柔美，非常漂亮。○

150 暗八仙铺地

暗八仙是中国古建筑中常用的装饰题材，分别是笛子、云板、荷花、扇子、渔鼓、花篮、葫芦、宝剑，也就是传说中八仙所用的法器，可以象征或代表八仙。在地面上铺设出暗八仙作为装饰纹样，就是暗八仙铺地。暗八仙铺地中的图案，在运用中有的是呈直线布置，有的是呈圆形布置。圆形布置的图案更具完整性，构图更饱满。

151 平民房屋中的对联

普通人家的门上对联，大多思想朴素，表现出普通人的期望。如“新春如意寿永昌，盛世升平幸福长”“德求宽处积，福自和中求”。当然，也有同时表现重视读书观念的，如“绵世泽莫如为善，振家声还是读书”。

刹座就是塔刹部分的底座，多为须弥座造型，并且须弥座上多雕刻莲花纹，或是仰莲，或是俯莲，或是仰俯莲等。有的则是直接将刹座雕成莲花形。当然也有一部分素平刹座，即没有雕饰，干脆利落、简单大方。○

153

五供

五供原本是佛教造像前部案桌上设置的五种供器，主要有居中香炉一个，香炉左右各有一个蜡台和一个宝瓶相互对应。五供器置放于佛前，表示向佛之心虔诚，及从佛处得到光明清净。明十三陵等帝王陵墓中设置五供，与在佛像前的五供

意义相近，是祭祀的祭台。明代十三陵中的五供设在方城明楼的前方，五供均为石雕，所以也称“石五供”或“五供石”，花纹精美。五供下面的基座为须弥座形式，束腰上下雕有仰俯莲瓣。○

154

墓表

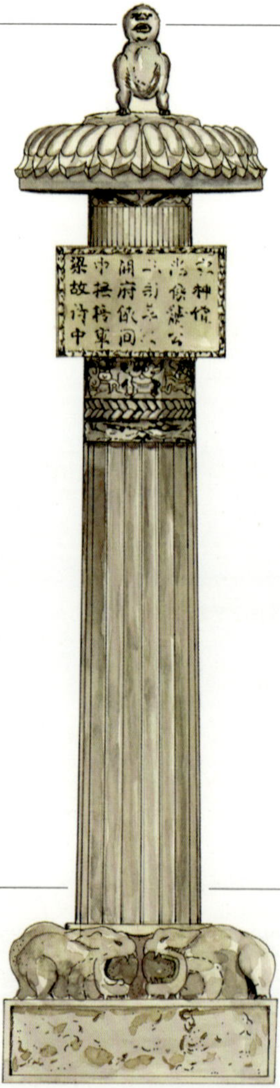

陵墓中，设立在墓前用来记述死者生平、表扬其功德的石碑，叫作“墓表”。它是一种纪念性设置，同时也具有一定的标志性作用。这种纪念性的墓表早在东汉时期就出现了石制的。从目前所存实物来看，以南京的南朝梁萧景墓墓表最具代表性。

石人是位于陵墓前的石刻人像。王芑孙《碑版文广例》卷六上说："墓前石人，不知制所从始……今汉制传于世者，有门亭长，有府门之卒，有亭长，唐人亦谓之翁仲。"排列的石人，一般分为勋臣、文臣、武臣三种，都是圆雕立像。○

156

将军像

文武大臣的形象立于陵墓前，就像是皇帝生前高坐金銮殿一般，前面有文武群臣两厢侍立，帝王居高临下，主宰一切。将军像一般都是头顶缨盔，身穿铠甲，高大威武，威风凛凛。

157 浮雕式灰批

灰批是具有凹凸立体感的灰塑做法，分为圆雕式和浮雕式两种。圆雕式灰批的做法是，先用铜线或铁线做出骨架，将沙筋灰依骨架做成模型，半干时再用配好颜料的纸筋灰仔细雕塑而成，制作过程较为复杂，特别是多层立体式，因为层次多，为了增加效果，就要特别讲究黏合材料的选用。浮雕式灰批的用途相对圆雕式要广，不仅能用在屋脊部，还能用在门额、窗楣、山墙等处，而且处理手法也较多样。○

158

透雕

透雕也称通雕、拉花，它的雕刻工艺要求更高一些，要先在原材料上绘出花纹图案，然后按要求进行琢刻，将需要透空的地方拉通，而将凹凸的地方铲凿出来，有了大体轮廓后磨平，再进行精细加工。○

159

阙

阙是一种汉代普遍使用的建筑，它出现于西周。阙是一种导引性的标志建筑，多设在城市、宫殿、祠庙、宅第等前方，称为门阙。此外，在墓园入口处的神道两侧，也可设阙，称为墓阙。阙有单阙、双阙、三出阙之别，双阙就是在主阙旁侧再建一形体较小的附阙。汉代早期的阙，大多造型简单，装饰雕琢也较少，风格简朴明快，形体雄伟粗犷。

160

琉璃瓦剪边

剪边就是采用琉璃瓦铺设近檐处的屋面。一般的建筑，屋面铺瓦以布瓦为主，剪边采用绿色琉璃瓦。而在很多皇家园林类等高等级的建筑中，屋面铺瓦本身就以琉璃瓦为主，那么做出剪边的话，也使用琉璃瓦，这时的剪边琉璃颜色就用不同于主屋面的琉璃，如黄琉璃瓦屋面使用绿色琉璃瓦剪边，绿色琉璃瓦屋面使用黄色琉璃瓦剪边等。○

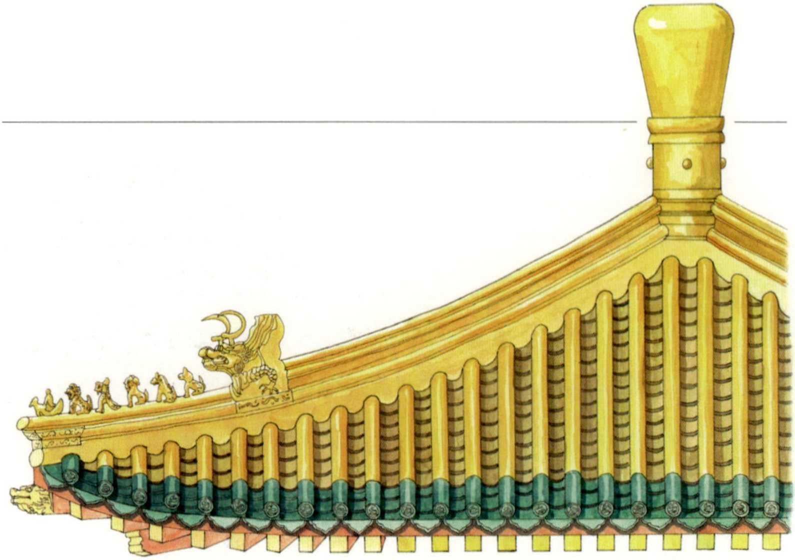

黄琉璃瓦绿剪边，就是建筑的屋面以铺设黄色琉璃瓦为主，而剪边使用绿色琉璃瓦。黄琉璃瓦绿剪边建筑一般常见于皇家园林，如北京故宫中的乾隆花园，其中的建筑有好几座就是黄琉璃瓦绿剪边的屋面，花园前部的古华轩即是其中之一。

第二章 民居

162

江南水乡民居

江南水乡民居往往沿河而建，建筑面街背水。旧时街道狭窄，河道宽阔。河道是交通的主要通道。船只不仅给人们带来各种菜蔬粮食，还是人们出行的主要交通工具。

163

民居码头

民居在沿河的一侧都设有码头。有巷子连接道路的是公用码头，民居自家后面的是私用码头。码头是人们汲水、洗涮的地方，还是人们购物、出行的地方。

164

民居阳台外廊

江南水乡民居均傍水而建，“贴水成街，就水成市”，形成优美的“小桥、流水、人家”的水乡景色。水乡民居的单体建筑，根据建筑与水的远近、向背关系，大致可分为背山临水式和三面临水式。总的来说，其建筑结构都是极为自由与灵活的。江南水乡民居沿河的一侧往往设有类似于阳台的外廊，以便人们在这个开敞的空间里享受临河的新鲜空气和优美河景。○

165

晋中大院

山西省晋中地区有很多青砖砌筑的深宅大院，建筑质量非常好。图中建筑是一个大院沿街的几个主入口。每一个入口进去，就是一条中轴线。一进进的院落依次布置，有时院落可以深达五进。

江南水乡拱桥

江南水乡村镇中的桥梁有平桥和拱桥。平桥利于车辆和行人通过，但是下面船只不能通行。因此主要河道上都是拱桥，为了方便大型船只通过，拱桥都会建得很高。往往拱桥上面就是一个村镇的制高点，成为观景的好地方。

167 水上广场

江南水乡河道的宽度以能通过两只船为最低标准。但是在大的集市附近，往往会出现一些宽阔的水面，旧时为集市停泊船只的水上广场。

皖南民居以粉墙黛瓦为其色彩特征。在造型上，皖南民居的一个重要特点是马头墙为平直的阶梯状。清代以后皖南民居的马头墙，不出现曲线的形式。因此，皖南民居在视觉上给人以平稳、庄重、内敛的感觉。○

169

江西民居的『四水归堂』

江西北部的民居以“四水归堂”的高围墙为其造型特征，外围墙体的屋顶往往都是向院内排水的半坡屋顶。与皖南民居简洁的粉墙黛瓦不同，江西北部民居的外部造型和内部处理都更加灵活，富有变化。

170

硬山顶

硬山顶有一条正脊和四条垂脊。这种屋顶造型的最大特点是比较简单、朴素，只有前后两面坡，屋顶在山墙墙头处与山墙齐平，由砖瓦封闭砌墙，山面裸露。关于硬山这种屋顶形式，在宋代修纂的《营造法式》一书中没有记载，现存宋代建筑遗物中也未见，推想在宋代时，建筑屋顶还没有硬山这种形式。推测应当是在明清时期及其后，硬山顶被广泛地应用于我国南北方的住宅建筑中。硬山顶是一种等级比较低的屋顶形式，在皇家建筑和一些大型的寺庙建筑中，几乎没有硬山顶。同时正因为它等级比较低，所以屋面都是使用青瓦，并且是板瓦，不能使用筒瓦，更不能使用琉璃瓦。○

悬山顶与硬山顶一样有一条正脊和四条垂脊。不过，它又有不同于硬山顶的地方。悬山顶在山墙处不像硬山顶那样与山墙平齐，而是伸出山墙之外。这部分伸出山墙之外的屋顶是由下面伸出的桁（檩）承托的，所以悬山顶不仅有前后出檐，在两侧山墙上也有出檐。悬山又称“挑山”，就是因为其桁（檩）挑于山墙之外。从外观上来看，这可以说是悬山顶与硬山顶最大的不同点。悬山式是两面坡屋顶的早期做法，不过中国古代的重要建筑基本没有使用悬山顶的，特别是唐代以前尤为少见。○

卷棚悬山顶

和普通“人”字形屋顶一样，卷棚顶也可以处理成硬山、悬山、歇山等形式，从而产生出卷棚硬山式、卷棚悬山式、卷棚歇山式等多种新的屋顶形式。卷棚顶形象非常优美、线条柔和，特别是单檐卷棚悬山顶，属于较为简单的卷棚顶，大多出现在园林建筑中，更添园林的优雅韵味。

173 一殿一卷式勾连搭

在勾连搭形式的屋顶中，只有两个顶相勾连的形式，并且一个屋顶为带正脊的硬山、悬山类，另一个屋顶为不带正脊的卷棚类，这样的勾连搭屋顶叫作“一殿一卷式勾连搭”。比较著名的一殿一卷式勾连搭屋顶建筑，要数北京四合院中的垂花门。○

174

带抱厦式勾连搭

在勾连搭的屋顶形式中，相勾连的屋顶大多是大小、高低相同，但有一部分勾连搭屋顶却是一大一小、一主一次、高低不同、前后有别，低小的建筑部分就像是另一部分的附属抱厦，所以这样的勾连搭屋顶形式称为“带抱厦式勾连搭”。○

灰背顶

灰背顶就是屋顶表面不用瓦覆盖，仅凭密实的灰面层防雨防漏。灰背顶的做法大多用于平顶或囤项建筑，也可以用在起脊建筑上。不过，大多只是局部使用，屋顶大部分仍覆瓦。灰背顶属于一种民间建筑形式，可用白灰、青灰加麻或灰泥加滑秸制成，最外一层都要抹光以防风雨侵蚀。○

176

棋盘心屋面

棋盘心屋面是将屋面的当心部分做成灰背或石板瓦形式，这一部分所占屋面面积相对比铺瓦面积大，并且位置略为偏下。它不是整个屋面做成一块灰背或石板瓦形式，而是每一间的屋面中部偏下位置各做一块灰背或石板瓦形式，即建筑有几间屋面就有几块灰背面或石板瓦面，剩下的部分铺瓦。因为这样的屋面整个看起来就像是一个棋盘，所以得名“棋盘心屋面”。○

清水脊

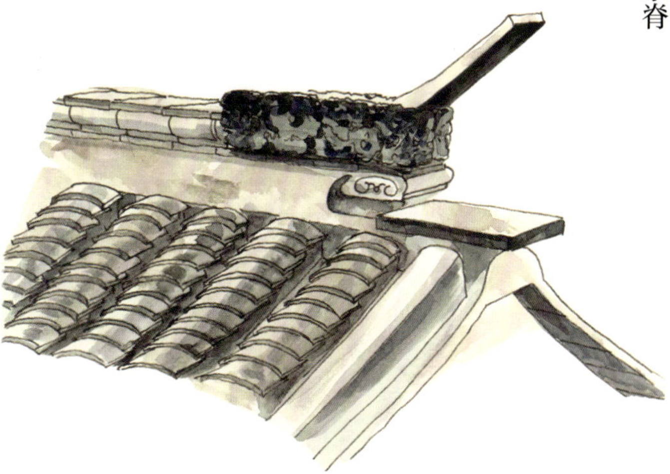

小式瓦做的屋脊大多用于硬山或悬山建筑，这类房屋的屋面只有两坡，较为简单，相应的屋顶的正脊做法也较简单、朴素，没有复杂的饰件，大多只是在两端雕刻花草盘子和翘起的鼻子作为装饰，这种装饰简单的脊就叫“清水脊”。○

178

槛墙

槛墙是建筑窗下部的围护墙体，上接窗最下层的维护槅板，下接地面的矮墙。槛墙在宫殿、庙宇等建筑中多用黄绿琉璃砖拼砌，而一般住宅则多用砖、石、泥土砌筑。相对来说，北方较多使用砖石砌筑，而南方则多用板壁或夹泥墙。

砖墙，即用砖砌筑的墙，在中国传统建筑中主要采用青砖。青砖因为经过烧制，所以硬度大，砌筑的墙壁比较坚固结实，不易毁坏。我国很早即有使用砖的记载，但最初多用于房屋基址、城墙、墓室及塔的建造，而较少用在普通居住建筑上。直到明代，真正的砖砌墙体才比较普遍地应用于民间建筑中。○

180

空心砖墙

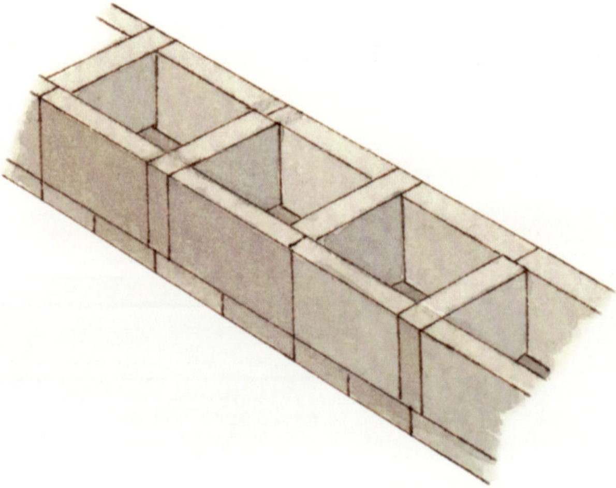

空心砖墙，多见于中国南方地区建筑中，它是砖砌墙体中的一种，又称“空斗墙”“斗子墙”。空心砖墙是指墙的两面用砖立砌，或立、平交替砌筑，中间部分空出，空出部分多填上碎砖、泥土之类看似无用的零散材料。这样的空心砖墙，具有明显的节约材料的特点，非常经济，而且具有良好的隔声隔热特性。有些空心砖墙在空心斗中加入材料后，能增加墙体的承重性能。

版筑墙又称夯土墙，也就是土墙，是用泥土夯筑而成的墙。版筑墙在众多材料建筑的墙体中，起源最早、流传最广、历时最久。商代的宫室、墓葬等都采用版筑，唐宋时期土墙仍然占有很大比例，直到明代时，砖墙才渐渐被普遍使用。土墙相对来说经济耐用，而且防火、隔音、冬暖夏凉。○

182 清水墙

凡是在砌筑完成后只做勾缝处理，墙体表面不加粉刷、不加贴面材料的砖墙，都叫“清水墙”。清水墙墙面上的砖缝多用泥沙或灰浆勾填，以防止雨水和风的侵入。同时，勾缝后的墙体外表看起来也更为整洁，虽然不华丽，但是朴实、干净。○

竹筋土墙

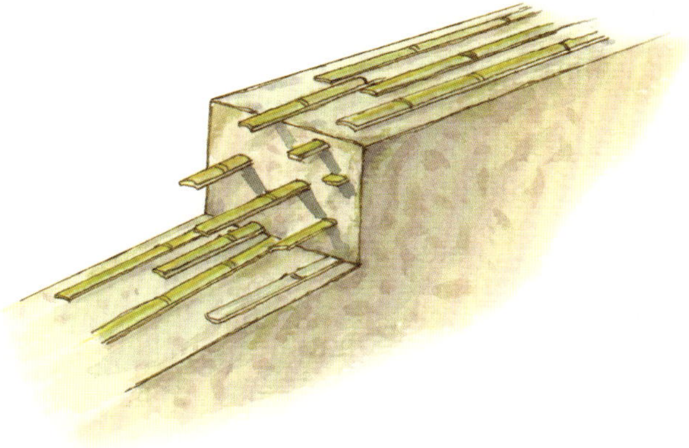

在夯筑土墙时，在墙内放置一定数量的竹片，可以起到加固墙体的作用。这种于土墙内放置竹片的做法，既可以起到拉结墙体的作用，又可防止因部分墙体被破坏所导致的大面积墙面塌损。在中国古代城墙夯筑中有在墙体内放置木材作为墙筋的做法，竹筋土墙在如今南方民居中仍有应用。○

184

木骨泥墙

木骨泥墙是指内部以木为主、外部覆泥的墙体形式，其发展和墙体形式分为两种。原始时期的木骨泥墙以细密排列的木骨为主，在其间设置树枝和草类连接加固后再在两侧抹泥，也有在粗木间加设细木再抹泥的做法。唐宋建筑中也有在建筑底层用厚泥墙将最外一圈柱子包裹住的做法，对建筑起支撑作用的仍是木柱，泥墙则起到围护和加固的作用。○

包框墙多应用于影壁、看墙、门墙。其墙体的裙肩、墙顶、壁身两侧、四边做实砌砖墙，形象就如一个镜框。框内为壁心，略为收进，壁心可砌成实砖墙、碎砖墙、土坯墙、空斗墙等不同材料形式。壁心表面可以不做粉刷而自然暴露出墙壁材料，也可以粉刷或抹灰，有的还有雕刻等装饰。包框墙在明清时期非常盛行。

186

硬心包框墙

硬心是包框墙的一种装饰做法，即壁心用方砖磨砖对斜缝摆贴面，不做抹面。有些较讲究的硬心包框墙，会在壁心中央和四角嵌饰砖雕图案，看起来非常华丽。

马头墙也叫作“叠落山墙”。叠落山墙的形式是：山墙高出屋面，并随着屋面的坡度层层叠落，因为其叠落的部分看起来略似马头，所以称为“马头墙”。

188

墀头

硬山式建筑的山墙，是由台基处直达屋顶山尖处的，也就是说在山墙处没有出檐，而只在前后有出檐。这时前后檐的伸出是有一定幅度的，不能过大，如果过大的话自然就会失去支撑。但是，有的时候确实需要将前后出檐加长，有的甚至要伸出超过台基的长度，那么这时候我们可以将山墙的前后都向外延伸，超出檐柱之外，也就是在檐柱之外再砌筑上达屋檐、下至台基面的墙体，可以一直砌到台基边上，这样一来，从山墙正面看就多出了一截墙体。这段多出的、檐柱之外的山墙的上部，就叫作“墀头”。

墀头是建筑立面比较显眼的部位，因此特别注重装饰。北京四合院中的墀头装饰，内容就非常精彩，丰富多样，有团寿草龙、牡丹、菊花、松、竹、梅、博古图案、喜鹊登梅、太师少师、松鼠葡萄、子孙万代等。

190

山墙

砌筑于建筑物两端的墙体，以支撑建筑上部的屋山，以起到围护建筑的目的。山墙的下部一般就是方正的、坚固的墙体，而上部则大多为三角形。这样的山墙大多出现在硬山、悬山建筑中。在歇山顶建筑中，山墙上部大多是山花。在南方一些民居建筑中，山墙上部也不是典型的三角形样式，而往往做成阶梯状的防火墙形式。

廊墙也叫“廊心墙”，就是建筑的廊下檐柱和金柱之间的墙。廊墙作为建筑中比较容易为视线所及的部位，往往也有一些讲究的做法。如北京四合院建筑中的廊墙，其上段较大面积被称为“上身”，中心装饰极为多样，有素心做法，还有绘画，甚至是雕刻；内容题材可以是几何纹样、“万”字纹等吉祥纹样，也可以是花卉、鸟兽等。

192

影壁

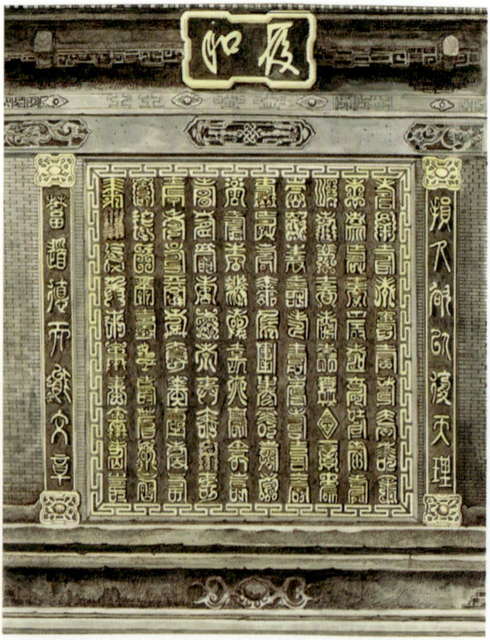

影壁，又称照壁、照墙、萧墙，是设在建筑大门的里面或外面的一堵墙壁，面对大门，起到屏障的作用。同时，它也是一种极富装饰性的墙壁。影壁在造型上可以分为壁顶、壁身、壁座上下三个部分。影壁从建筑材料上来分，主要有琉璃影壁、石影壁、砖影壁、木影壁等几种。

193 石影壁

石影壁就是石砌的影壁。石影壁主体由石头砌筑而成，其上可做雕饰，有些石影壁只抹灰，没有雕饰。有些素面石影壁，因为石块加工得非常细致，会呈现方砖影壁的效果。全部用石料砌筑的影壁，数量相对较少，目前所存已不多见，现在北京故宫的景仁宫有一座这样的全石影壁。○

194

滚墩石

滚墩石主要用在木影壁和一些垂花门处，它是安装柱子、稳定上部结构的底座。其造型和宅门前的抱鼓石非常相像，只是前后都外露，所以都做成雕刻精致的抱鼓石形式，而不像宅门处那样只将露在外面的一侧做成抱鼓石。

砖影壁的装饰手法大体有两种。一是将砖筑的壁身部分外表抹灰，使之明显地区分于壁顶、壁座，形成色彩与材质上的强烈对比，然后再在抹灰的壁身中央进行装饰。当然，也有只抹灰不做装饰的，抹灰的壁身与周围的砖已自然形成对比。二是在影壁的壁身部分不抹灰，用几种不同的砖面处理进行装饰，如在壁身的左右两边或上下左右四个边处用普通砖砌，而在壁身中央用方砖呈斜方格贴饰，并采用磨砖对缝法处理，这样的壁面平坦而细致，所以处理后的砖面也就与四周砖面有了明显的区别。有些影壁还在磨砖对缝的方砖上加饰砖雕，称为影壁砖雕，花、鸟、虫、鱼图案均有，丰富多彩。○

196

刻狮柱础

狮子在我国古代建筑中是极为常见的形象，宫殿前方、陵墓中、住宅内、桥栏望柱等处，经常能看到形象各异的狮子雕刻。在柱础上雕狮的情况虽然不是很多，但也有一定的数量。柱础雕狮大多采用浮雕手法，也有部分采用圆雕手法的，用整只狮子作为柱础，在柱子的四面均能看到狮子的形象。○

人物柱础

人物柱础是一种雕制比较复杂的柱础形式，就是在柱础上雕刻出圆雕的人物形象，人物的形象大多只是作为装饰。不过有些人物雕刻柱础，是将柱础中段做成凹进的束腰形式，使柱础成为须弥座形式，而人物就雕刻在束腰处，以手和头承托着上枋。这样的雕刻形式，既美化了柱础的形象，又不会因中部变细而减弱它的承重功能。

198

瓜楞纹柱础

瓜楞纹柱础是在柱础表面雕刻出瓜楞纹形式的柱础。瓜楞纹既是柱础表面的一种装饰，同时也影响到了柱础的平面形状。有些瓜楞纹柱础因为表面有瓜楞纹作为装饰，就不再雕刻别的花纹图案，而有些瓜楞纹柱础还会另外在表面雕刻其他纹样加强装饰，以使柱础形象更为优美。

在屋面上覆盖瓦缝的筒瓦，其最下面一块有半圆形或圆形的端头装饰，这就是“瓦当”，也称为“瓦珰”“勾头”。瓦当最早见于西周晚期，其后经过不断地发展与变化，出现了丰富多彩的形象。在战国时期的都城遗址中，发现有半圆形带花纹的瓦当，其中的花纹有动物纹也有植物纹。秦汉时期的瓦当已比较常见了，瓦当形状多为圆形，瓦当上面的纹样更为丰富，不但有龙、鱼、鹿等动物纹和花草等植物纹，还有如意纹和“万寿无疆”“延年益寿”等文字。南北朝时期的瓦当，除了文字为一大类外，还有一类最为常见的就是莲花纹，因为南北朝时期佛教极为盛行，而莲花与佛教密切相关。唐代时的瓦当花纹也以莲花为主，比南北朝的莲花更为华丽。唐代之后，文字瓦当渐少，而龙、凤、花草纹逐渐增多，至明清时期，花纹最为丰富多彩。

200

文字瓦当

文字瓦当就是在瓦当上以文字装饰。考古出土的早期瓦当中，文字瓦当较为常见。文字瓦当是文字与图案、线条等相结合，造型美观，而风格古朴浑厚。文字瓦当中，有一字瓦当，即瓦当上只有一个字，如出土的秦代“空”字瓦当。除一个字的外，两个字或四个字的瓦当，也有出土实物。

秦代瓦当是在圆形或半圆形的瓦当边框中，再划分出内外圆或做左右对称结构，于其间装饰各种纹样。秦代瓦当纹样有鹿、鸟、虫等动物，还有吉祥语等篆字。而最主要的纹样是云纹，但云纹的表现在柔美中还带着坚硬的特点，显然是对商周时代青铜器纹饰的继承。

202

抬梁式构架

抬梁式构架，又称“叠梁式构架”，是中国古代建筑中最为普遍的木构架形式，它是在柱子上放梁、梁上放短柱、短柱上放短梁，层层叠落直至屋脊，各个梁头上再架檩条以承托屋椽的形式，即用前后檐柱承托四椽栿、栿上再立二童柱承托平梁的做法。抬梁式结构复杂，但结实牢固，经久耐用，且内部有较大的使用空间，同时，还能产生宏伟的气势，又可做出美观的造型。不过抬梁式建筑的梁柱用料都要求尺寸较大。○

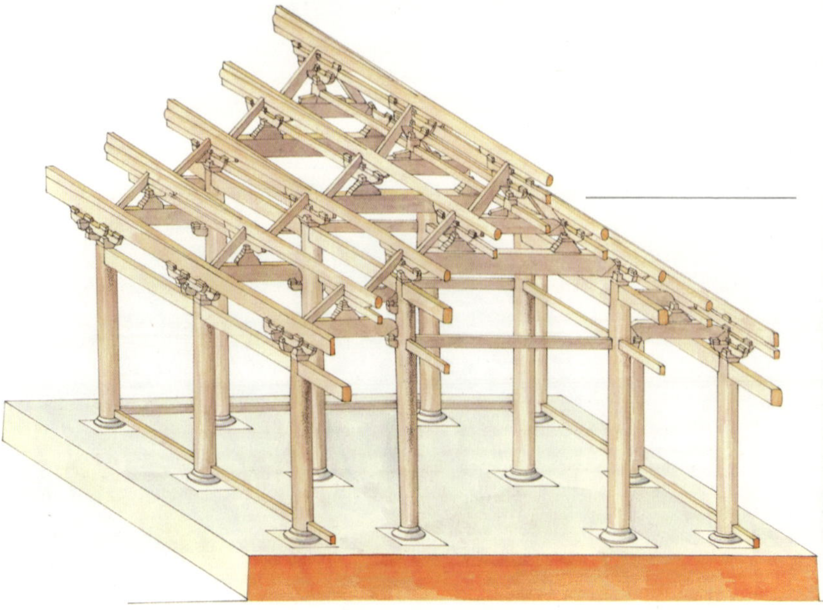

穿斗式构架

穿斗式构架的特点是柱子较细、密，每根柱子上顶一根檩条，柱与柱之间用木串接，连成一个整体。采用穿斗式构架，可以用较小的材料建筑较大的房屋，而且其网状的构造也很牢固。不过因为柱、枋较多，室内不能形成连通的大空间。○

混合式构架

当人们逐渐发现了抬梁式与穿斗式这两种结构各自的优点以后，就出现了将两者相结合使用的房屋，即两头靠山墙处用穿斗式木构架，可以不使用直径大的木料；而中间使用抬梁式木构架，就能增加室内使用空间。这种混合构架是不全部使用大型木料，但和全部使用大型木料的效果相同。

干栏式构架是先用柱子在底层做一高台，台上放梁、铺板，再于其上建房子。这种结构的房子高出地面，可以避免地面湿气的侵入。但是后期的干栏式构架实际上是穿斗的形式，只不过建筑底层架空，不封闭而已。

206 井干式构架

井干式构架是用原木嵌接成框状，层层叠垒，形成墙壁，上面的屋顶也用原木做成。这种结构较为简单，所以容易建造，不过也极为简陋，而且耗费木材。因其形式与古代水井的护墙与栏杆形式相同而得名。○

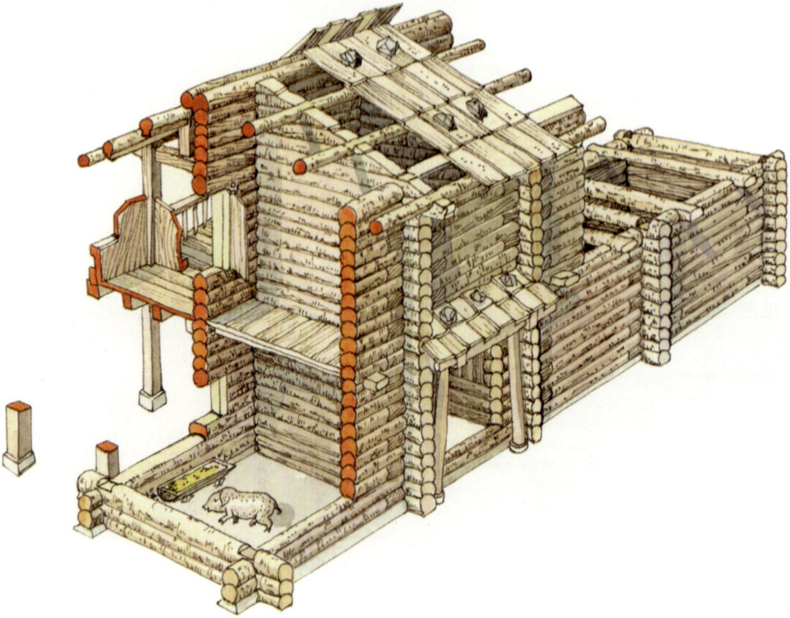

梁

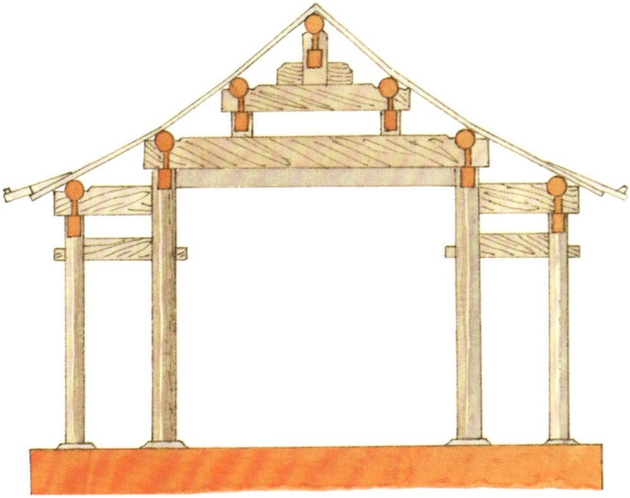

梁是中国建筑构架中最重要的构件之一，它是一段横断面大多呈矩形的横木，明清时期基本接近方形，而中国南方的很多梁则采用圆形断面，这样较好地节约了木材。梁承托着建筑物上部构架中的构件及屋面的全部重量，是建筑上部构架中最为重要的部分。而依据梁在建筑构架中的具体位置、详细形状、具体作用等的不同，又有不同的名称，如七架梁、六架梁、五架梁、四架梁、三架梁、双步梁、单步梁，还有抱头梁、抹角梁、顺扒梁、“十”字梁、挑尖梁、太平梁等。大多数梁的方向，都与建筑物的横断面一致。梁的下面，主要支撑物就是柱子。在较大型的建筑物中，梁是放在斗拱上的，斗拱下面才是柱子，而在较小型的建筑物中，梁是直接放置在柱头上的。

208

双步梁

双步梁是在建筑物的构架中，连接金柱和檐柱的挑尖梁，一般是不起承重作用的。但是，当檐柱与金柱之间的距离过大时，在挑尖梁的正中还可以加立一根瓜柱，上架一条梁和一根桁，此时的挑尖梁便具有了承重作用，同时梁的名称也改为“双步梁”，宋代称为“乳栿”。

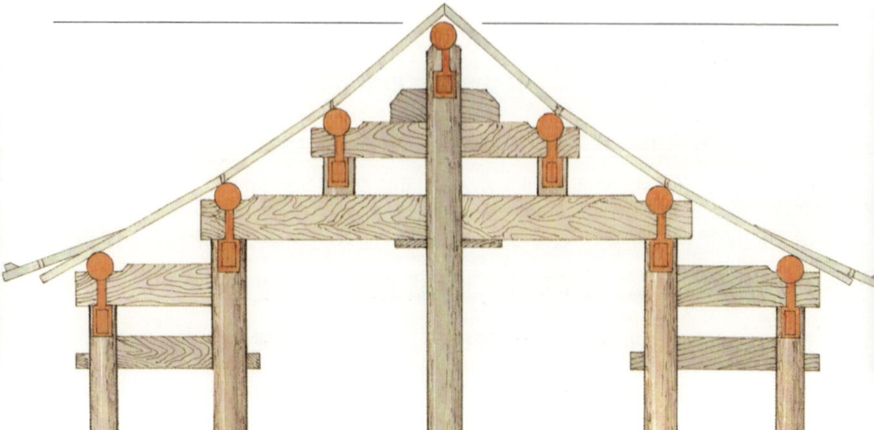

有水之地自然也有桥，桥既是连接交通的重要设施，也是水乡一景。在水乡的街河水面上，每隔不远就会有一座桥梁沟通两岸，甚至在池边和屋宇之间，也有各式小桥搭连，造型各个不同，生动灵巧，优美异常,显出了江南水乡的动人风韵。

枕流就是整栋建筑都建在河面上的形式。窄的河面可直接凌空架梁，宽的河面就要在水里竖立石柱，以支撑上面的建筑物了。有些人家因为近河两岸都是自家房屋，便用枕流建筑把两岸的房屋连接起来，形成通连的一体。当然，枕流只能建在没有水路交通的地方。○

吊脚楼就是指原有民居建筑的一小部分伸出在水面上，此部分大多必须依靠木柱或石柱等来支撑。伸出的这一部分可以是房屋的二层，也就是楼房的上层，也可以作为阳台来使用。它的下边还可以设踏步通至水面，以方便家人洗涤和取水。○

出挑就是利用大型的悬臂将房屋挑出，这种挑出的方法叫作“出挑”，同时挑出的部分也叫作“出挑”。出挑大的可以成为房屋的一部分；出挑小的则可以作为檐廊，类似于阳台；最小的可以只挑出一根靠背栏杆到屋外，乘凉、晒太阳、观赏景色等，是个很好的所在。○

四水归堂是一种合院形式的民居。皖南民居中最为典型的形式就是“四水归堂”。所谓“四水归堂”就是民居的屋顶都是斜坡形式，并且坡面斜向院内，每当下雨时雨水就会从四面屋顶上流入天井院中。之所以要建成这种四水归堂式，除了环境与地区等因素影响外，还有一种寓意，即表示“肥水不流外人田”，聚气敛财，与善于聚财经商的徽商正相合。

皖南民居的院落组合形式

“四水归堂”说的是皖南民居院落中天井与房间的形式和关系，而皖南民居的院落组合则是另一个概念。皖南民居的院落组合主要有三合院、四合院、两个三合院、两个四合院、一个三合院和一个四合院相结合等形式。其中，最基本的院落形式是三合院和四合院，其他形式则是在三合院、四合院的基础上变化而来。在一条纵轴线上前后院落的排列俗称“步步升高”。每一个院落都有一个正堂，四层院落叫四进堂，五层院落叫五进堂，皖南甚至有九进堂的。每进一堂便升高一级，风水上谓“前低后高，子孙英豪”。

三合院是一个正厅和左右厢房，围合一个天井。三合院多为一进两层民居，正屋面阔常为三开间。楼上明间作为祭祀祖先的祖堂，左右次间作为卧室；楼下明间作为客厅，左右次间作为住房。三合院是皖南民居中最简单、经济的院落形式，被广泛地采用。○

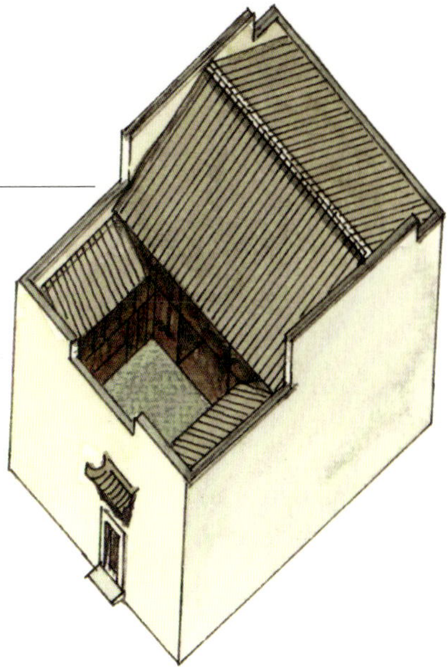

皖南民居中的四合院

四合院比三合院前面多了一个倒座房，带有门厅，因而成了三间两进形式。第一进楼下明间为门厅，两边为厢房，楼上明间是正间，两边是卧室；第二进楼下明间是客厅，楼上明间是祖堂。两进之间是长方形的天井，两侧沿着墙壁是廊屋，里面设有楼梯。四合院的倒座房是为了增加天井的气势，并显示家庭的实力而设置的建筑元素，实用功能并不是很大，所以四合院多为较富有人家所建。○

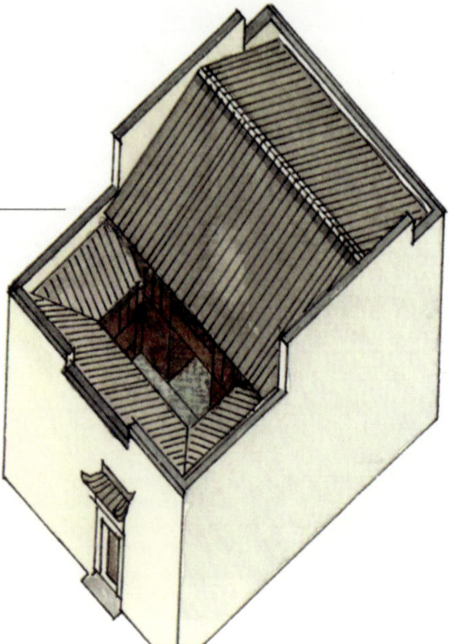

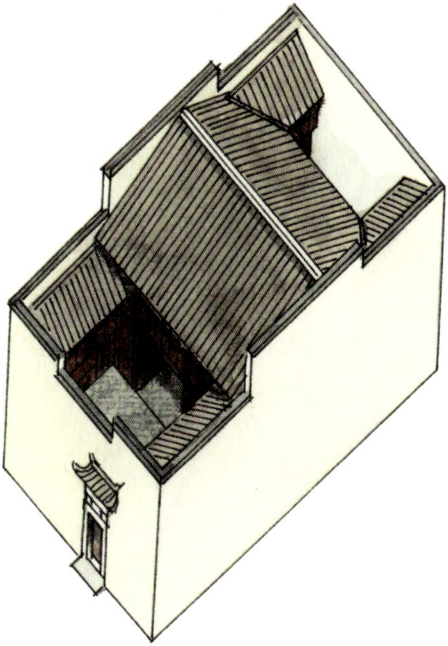

217 皖南民居中的两个三合院组合形式

两个三合院组合的形式，也就是由两个三合院前后相连的宅院，最前部和最后部是围墙而不是厅堂，只有两院结合处的中部是一座厅堂。这种院落组合形式，是将中间厅堂分为前后两个空间，供前后两个院落使用。两个院落就像是背对背，各有一个天井。这样仿佛是中间两个厅堂合一个屋脊的形式，所以当地俗称“一脊翻两堂”。○

218

皖南民居中的两个四合院组合形式

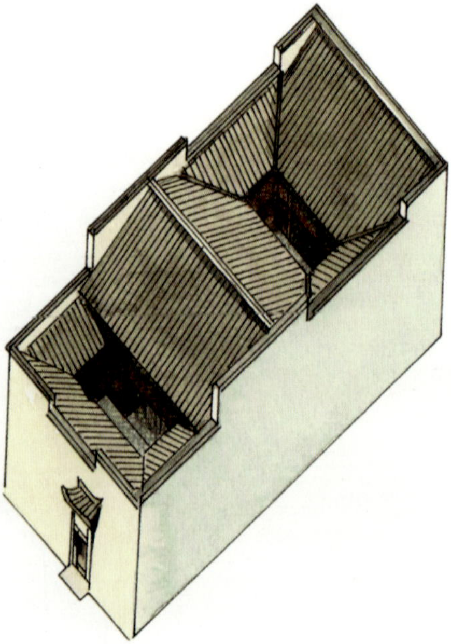

两个四合院组合的形式，就是由两个四合院落前后相连的宅院。这种院落组合形式，共有上、中、下三个厅堂，两个天井。位于最后排正房二层当心间的上厅堂是祭祀五代以内宗亲的地方；位于中正房二层当心间中厅堂供奉天地君亲师牌位，是家政中心；下厅堂即倒座房当心间门厅，是为烘托气氛而设置的。○

一个三合院和一个四合院的组合，就是由一个三合院和一个四合院前后相连组成一座宅院。它与两个四合院的组合形式相比，只有中部、后部两个厅堂，而前部大门处没有前厅，也就是没有下厅堂，只是一道墙而已。也就是说，这种院落组合形式，一般都是三合院式的院落在前，而四合院式的院落在后。○

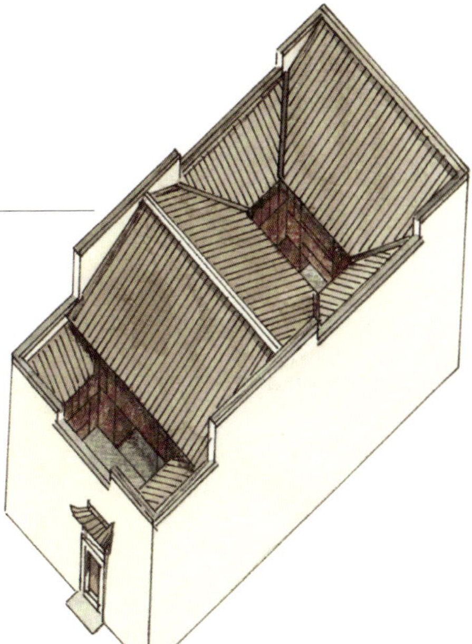

窑洞式住宅

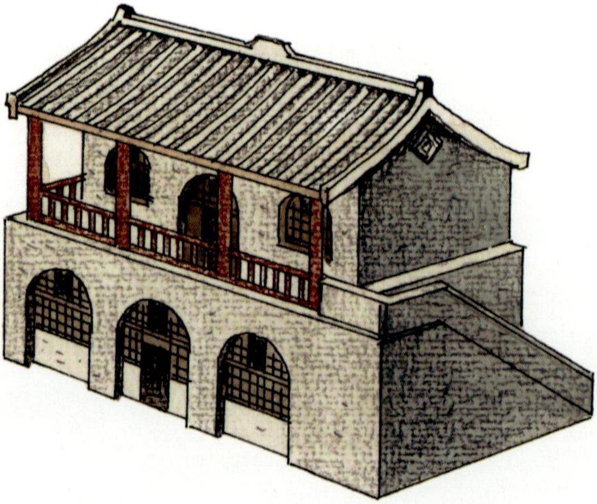

从中国民居的整个发展历史来看，窑洞民居是由原始社会的穴居和半穴居形式发展演变而来。窑洞是独具特色的中国民居的一种。窑洞民居大多分布在呈现多种地貌的黄土高原地区。从建筑布局与结构形式上分，窑洞民居大致有三种，并且是以窑洞为居住形式的各个地区都同时拥有的几种形式。这些形式主要有靠崖式、独立式、下沉式三种。这种分类方法的原因是：虽然同处于黄土高原，但不是每块地方的地势都相同，所以依据具体的位置与情况，便挖建了不同形式的窑洞。

沿沟窑洞属于靠崖式窑洞的一种，它是在冲沟两岸壁面上的黄土层中开挖的窑洞。沿沟窑洞因为对着相对狭窄的沟谷，所以没有靠山式窑洞开阔的外部空间。但也正因为其外部的空间狭窄，才有避风沙的优点，可以调节小气候，窑洞内能够冬暖夏凉。

222

下沉式窑洞

下沉式窑洞是在地面上向下开挖出的窑洞。因为在黄土高原上，有些地方也会是一望无际的平地，而没有天然的山崖或沟壑可以利用来开挖靠崖式窑洞，人们便开挖向下发展的地下窑洞。挖掘下沉式窑洞时，要在地面上先挖一个方形、凹陷的大坑，并使其四面垂直作为开挖窑洞的崖体，然后再像开挖靠崖式窑洞一样，在四面垂直的洞壁上向里水平地掏出若干口窑洞，形成一个由四面窑洞组成的位于地下的院落。○

223

楼房窄院的水乡民居

江南水乡民居多临河而居，因而河两岸民居的庭院多较小，主要用于房间的通风、采光。也因地面的小而珍贵，所以大多民居为楼房，以节省地面空间。高耸而轻巧的楼房沿河而建，倒映于河水中，美不胜收，再经来往船只的穿梭，河水荡漾，倒影变幻不定，更衬出江南水乡的活泼灵秀。○

位于地下的下沉式窑洞必然要有一个出入口，经坡道或台阶上下。而出入口的形式略有不同，大致有四种，分别为直通式、通道式、斜坡式和台阶式。如果窑洞院落外面有一侧地形较低，可以通向外部，就可设直通式出入口；斜坡式是只有坡道没有台阶，可以通车辆；通道式出入口是最常见的，

有台阶可上下；而台阶式出入口与其他不同，它不开在院落外，而在院内，挖院洞时顺势在一面墙上斜挖出阶梯即可，比较省工，但是却不方便设大门。因为出入口形式的不同，台阶也有不同的安排。有整个台阶都在院内的，占用院落的空间；有院内院外各占一部分的；也有全部位于院外的，不占院落一点空间，此种较多见。○

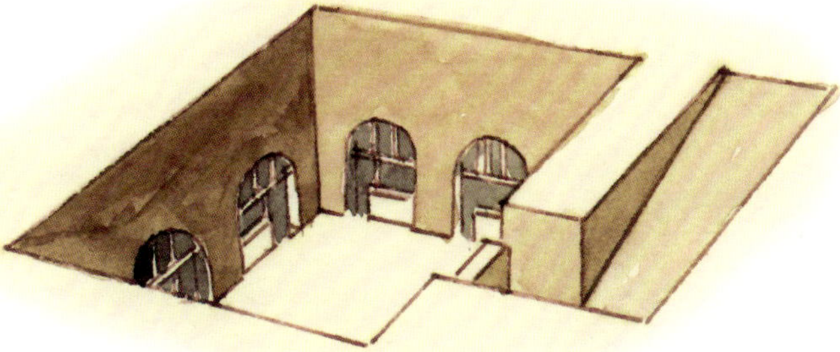

225

下沉式窑洞中的渗井

下沉式窑洞院内除了各个窑洞外，还有一个向下开挖的渗井，深度一般在10米以上。平时可在井内放置蔬菜、瓜果等，可以保持其新鲜度。万一遇到罕见的暴雨，窑院内不能承受时，渗井就成了排水的好管道。下沉式窑洞院内渗井的位置安排，还要依据风水，一般位于院落的西南方向。

226

独立式窑洞

独立式窑洞是在地面上用砖砌的房子，有做成窑洞式的洞门，实际上就是现代建筑中的覆土建筑。独立式窑洞是三种窑洞中最高级的一种形式，也是造价最高的一种。在传统的独立式窑洞中，建筑最好的要数山西省平遥县。平遥民居一般是院落的形式，在这个院落中一般只有最重要的正房才是窑洞的形式，厢房和倒座房往往不是窑洞，只是单坡房顶的房子。这种窑洞式的正房就是独立式窑洞，并且多为三开间，当地人称之为“一明两暗”。也有少数为五开间。

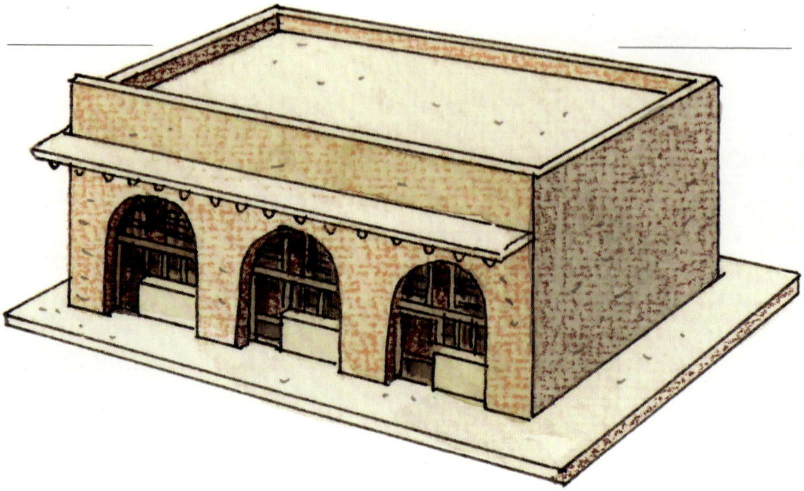

北京四合院

北京四合院是典型的中国传统合院式民居，它是老北京人最主要的住宅形式。它的历史非常悠久，并且在元代时已成为北京地区的主要居住建筑形式。北京四合院是一四面围合的疏朗院落或院落组合，内部开敞而富亲和力，对外封闭有高度的私密性。依据主次与作用的不同，北京四合院主要有大门、倒座房、垂花门、屏门、正房、厢房、后罩房等个体建筑。北京四合院建筑的装饰装修丰富多样而雅致精美，尤其是砖雕最为突出。

傣族住宅

云南省西双版纳地区的傣族住宅，主要是干栏形式，即住宅的底层是架空的，一般不住人。其架空的高矮有别，矮的称为“矮干栏”，高的称为“高干栏”。傣族主要使用高干栏。又因为西双版纳盛产竹、木，所以傣族干栏民居主要以竹、木为建筑材料，其中竹子搭建的称为“竹楼”。竹楼大多建在坝区，也就是丘陵地带低洼的平地处，因而在每年雨水集中的时候，常会遇到洪水袭击。不过，因为竹楼的竹篾之间有很多空隙，利于洪水通过，所以不会发生水灾。如果洪水过大的话，还可以将绑在梁架上的竹篾拆除，以减低房屋的阻力，避免被水冲走。可见，竹楼是与当地的气候与环境非常适应的住宅形式。现在，傣族民居大都使用木材，而且木柱使用方柱。

贵州地区的石板房是极为特别的一种中国传统民居形式，它也是贵州地区极具代表性的民居形式。贵州石板房非常有特色，它的特色之处主要就在材料的使用上。它的材料就是石头，石头砌墙、石片作瓦，从外面看几乎全是石头材料。不过，里面的构架还是木材料。贵州石板房主要集中在贵阳市周围的郊县和安顺市的几个县。典型的贵州石板房为三开间，中央开间为堂屋，只有一层，而两端的房间各为一楼一底形式，这与一般地方民居突出堂屋的做法非常不同。这是因为早期的石板房，其两端的底层是用来圈牲畜的，人住在上层看护牲畜。

230 梅县围拢屋

广东等沿海地区，因为地理位置比较特殊，所以很多的民居形式都以防御功能为主，广东省梅县的围拢屋即是其中之一。围拢屋的平面多为马蹄形，建筑前方有半月形的水塘，在房屋与水塘之间有一块较大的露天场地，是用来晒粮食的禾坪。禾坪与屋宇之间的大门是建筑物的正门，位于住宅的

中轴线上。大门做得非常牢固，门扇的木料很厚实，并且多设置两个以上的门闩。两扇门板还带有企口，一扇凸起，一扇凹进，对应关紧以后，丝毫没有透空门缝，从外边无法将门闩挑开。围拢屋后部有个半月形的院落，称为“龟背”，象征长生不老、金汤永固。龟背后部外围建筑是围屋，也称“枕屋”或“围拢”。

231

围拢屋的组合形式

围拢屋的基本形式是三堂四横加围屋，另有三堂两横加围屋、二堂两横加围屋、三堂六横加围屋、二堂四横加围屋等变化形式。堂就是厅堂，分上堂、中堂、下堂，分别作为门厅、祭祀和待客厅、后厅。横屋是位于厅堂两厢、与中轴线平行的长形屋子。因为围拢屋后部的半圆形围拢，和前部的堂屋与横屋一样，也可以有数量多少的变化，一圈、两圈或三圈，所以，又有三堂四横一围、三堂四横二围、三堂四横三围，或三堂两横一围、三堂两横二围，或二堂两横一围、二堂两横二围，或三堂六横一围、三堂六横二围等不同的组合形式。○

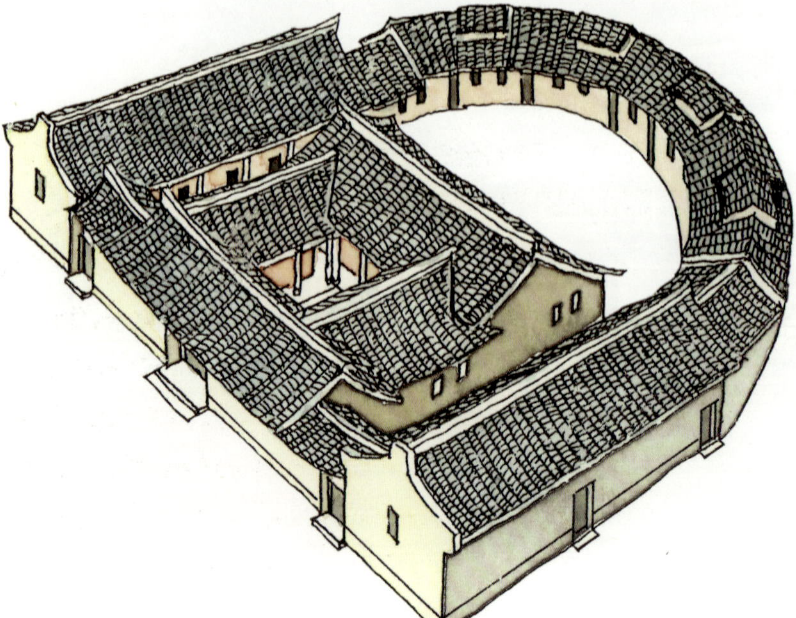

一颗印形式的民居，主要为云南省昆明市附近的彝族人民居住。昆明附近的彝族历来与汉族交往频繁，生活的区域也较接近，所以在风俗习惯上与汉族相仿，他们所使用的一颗印式的住宅形式也是受到汉族的影响而形成的。一颗印住宅主要由正房、厢房和前部的大门、围墙组成，平面方方正正，就如一颗方印，所以称为“一颗印”。一颗印民居的正房一般多是三间，上下两层，前带廊或抱厦，屋顶较高，并且是两面坡硬山式。厢房又称耳房，是上下两层。厢房虽然也是双面坡硬山式，但其朝向院内的一面坡较长，而朝外的一面坡则短。一颗印民居的外墙非常高，就连前方大门处的墙也颇高，并且前围墙上没有侧门和小门，既安全、独立，又显示出一颗印民居的外观特色。

233

三坊一照壁

坊是白族民居最基本的构成单元，也就是一个三开间、两层楼的房子。三坊一照壁是白族民居中最主要的布局形式，三坊也就是三座两层三开间的房子，分别构成主房和两边厢房；一照壁就是一个影壁墙，将院子的剩下一面围合，中部是个大天井，非常严密完整。○

蒙古包是草原游牧民族使用的民居形式，因为大多为蒙古族使用而得名。因为世代过着游牧生活，逐水草而居，为了适应生产、生活的需要，蒙古族等民族形成了自己独特的生活方式、习俗风尚，同时也产生了蒙古包这种独特的民居形式。蒙古包的“包”字是“家”“屋”的意思，古时又叫作“毡帐”“穹庐”。“蒙古包”是满族对毡帐的习称，在满族人建立清朝、统治中原以后，这个名称便渐渐地被沿用下来。据记载，蒙古包已经有两千多年的历史了。蒙古包所使用的材料主要是毛毡。根据《周礼·天官·掌皮》的记载，早在周朝，人们就已经掌握了利用动物皮毛制造毛毡的技术。用几根木棍搭成金字塔形，再覆上毛毡，就是最简单的毡帐。

235

蒙古包的造型

从剖面上看，蒙古包是一个近似半球形的穹顶，这种形式最符合结构力学原理，只要很细很薄的龙骨，便能承受顶部覆盖的几层毛毡的重量。其平面为圆形，可使用最少的建筑材料，获得最大的居住面积，并且具有很好的抗风功能。○

蒙古包平面呈圆形，空间呈筒锥形，结构为木构架外围毛毡的内框外护式，也就是说蒙古包主要由骨架和毛毡两部分构成。骨架的最上部是像天窗一样圆形的陶脑，陶脑四周是一圈乌那，一根根架在下面像栅栏墙的哈那上面。蒙古包的大小是以哈那的数量来确定的，主要有十部架十个哈那、八部架八个哈那、六部架六个哈那和简易形四个哈那等。一般来说，十部架和八部架的蒙古包较为注重外部装饰。

237

哈那

哈那就是蒙古包的一圈墙体的骨架，它张开后如栅栏，达3米多宽，合拢后只有窄窄的0.5米，非常便于携带。一般的蒙古包由四个哈那组成，哈那围合以后，还要留出一个放门的地方。○

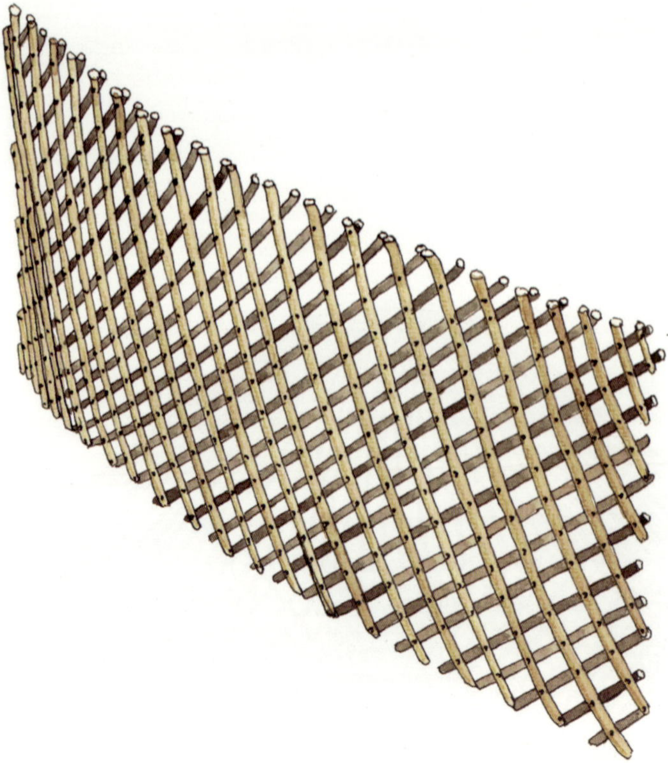

238

陶脑

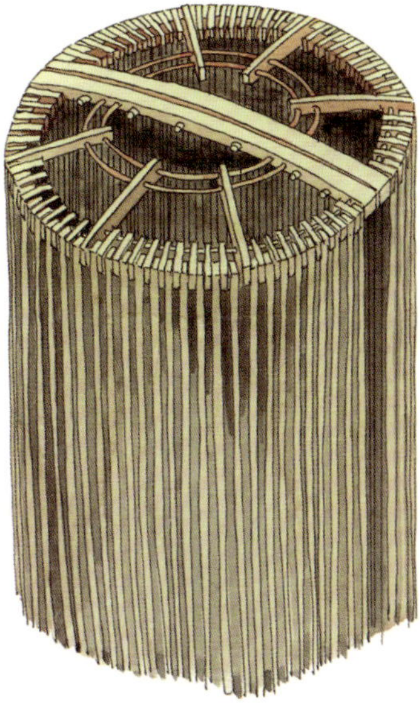

陶脑就是蒙古包顶部的中心，由四圈铁环和若干木料组成的圆形顶。大体看上去是两个半圆，为两条并行的长木块隔断。在内两圈铁环和外两圈铁环之间均匀地排列有较小的木块。大小木块既固定陶脑本身，又连接下边的乌那。

239 乌那

乌那类似伞骨，也就是蒙古包圆顶斜面的骨架，装在陶脑最外圈的铁环上。乌那撑开后，与下面的哈那相连。○

藏族的分布比较广泛，因而民居形式也非常多样，有碉房、牛毛帐篷、土掌房、高原窑洞，甚至还有一些木楼等，所用建筑材料也非常丰富。其中的藏族碉房是藏族民居中最富有代表性的形式，主要分布在西藏、四川等地。藏族碉房以藏族地区所建筑的最为典型，而藏族地区的碉房又以拉萨民居为代表。藏族碉房的最大特点是平顶、石砌墙体，非常坚固稳重，防御性极强，有如碉堡，所以称为“碉房”。过去藏族的贵族、领主和富豪们所居的碉房，大多在三层以上，装饰也比较华丽，尤其是建筑内部。而普通百姓的住宅，形体要低矮一些，外观和内在都非常朴素。贵族等的碉房底层多不设畜圈，而是在主体建筑的前方再建一小院，作为畜养禽畜和储存物品之处。农民的碉房则是将底层作为畜圈。

241

开平碉楼

开平碉楼是一种比较特殊的民居形式，主要分布在广东省开平市一带。确切地说，开平碉楼是一种土洋结合的楼式民居，是一种防御性较强的堡垒式住宅。出外打工的开平人吸收外国建筑的特点，使用部分西洋材料，将之与中国当地传统民居相结合，所以产生了形象特别的土洋结合的碉楼，成为开平一大特色。开平碉楼总的功能是防御，不过细分又有区别，主要有供更夫和年轻人打更与守望的更楼、多户集资共建并共同使用的众人楼、华侨单独出资修建以供居住的居楼。更楼主要为打更报时与守卫所用，居楼主要用于居住。而众人楼平时不用，只在有人入侵时用以躲藏，并且出资建楼的人各有房间。

朝鲜族的瓦屋不同于草屋，一般为歇山顶式，而且多是仰合瓦，仰瓦大于合瓦，所以瓦垄特别宽。朝鲜民居是矮干栏式建筑，廊檐下大多使用方形的柱子。门口地板是架空的，以防潮湿。

朝鲜族民居有瓦屋也有草顶屋，其中大部分都是四坡水的草屋顶。朝鲜族种植水稻，所以有条件用稻草来铺屋顶。厚厚的草顶，可抵挡冬天的寒意。

朝鲜族民居的门窗不分，因为过去没有玻璃，贴的都是窗纸，开窗很不方便，冬天寒冷更不便开窗。所以窗下设小望窗，方便开启，又因为人们通常席地而坐，所以望窗设在人们坐时可平视的位置。○

245

纳西族民居

纳西族主要居住在云南省丽江市一带，所以纳西族民居也称作“丽江纳西族民居”。纳西民众思想开放，不排外，自唐初就开始接受中原及其他地方的文化。这些都对他们的居所有着深远的影响。因此，从纳西族民居上能看到

很多其他民居建筑上的特色。将众多别人的特色之处与自己的本色融合，就形成了纳西族与众不同的独特的民居。纳西族民居的基本形式是三坊一照壁、四合五天井，另外还有前后院和一进两院形式。

新疆和田地区气候干旱少雨，因此，形成了具有当地特色的民居建筑形式，与气候相应，除了室内空间外，室外也是重要的活动场所。人们平时的家务劳作、待客等活动，多在室外进行。旧时甚至每年人们有半年的时间夜

宿室外。当然这里的室外，指的是在房屋或墙体围合的院落内。根据室外空间的形式，和田民居可以分为阿以旺、开攀斯阿以旺、辟希阿以旺、阿克赛乃等几种。

247 阿以旺

阿以旺在维吾尔族语中意为“明亮的处所”。阿以旺是阿克赛乃的更为完美的形式，与阿克赛乃相比，阿以旺几乎已成为完全的室内空间，顶部基本封闭，而没有大的开敞的口。顶部的中心已升高浓缩为一个大的天窗形式，屋顶盖突出高

耸，高出四面屋顶，高出部分的屋顶的四个立面为通透的窗子。阿以旺一样能满足采光通风的要求，又使室内空间更为宁静，同时突出的屋顶也丰富了建筑的造型。阿以旺是极富地方特色的一种民居形式，也是在维吾尔族享有盛誉的一种民居形式。

248

开攀斯阿以旺

开攀斯阿以旺是阿以旺的缩小形式，小的有如鸟笼一般，所以称为“笼式阿以旺”。开攀斯阿以旺已经失去了户外活动场所的功能，而完全演变成了一种采光通气的天窗。○

249 辟希阿以旺

辟希阿以旺与阿克赛乃接近，也是一种外廊形式。不过，整体上来说，辟希阿以旺比阿克赛乃更为开敞。辟希阿以旺的廊子深度一般在2米以上，廊下是供人活动和休息的束盖炕。束盖炕，也就是一种实心的土炕。○

阿克赛乃是和田民居庭院空间的一种形式。它是四面由房屋围合而成的一个中心方院，方院的四周加盖有一圈屋顶，有如汉族四合院中的四面檐廊。廊内有高出地面的实心土炕，方便人们在此休息或举行活动。○

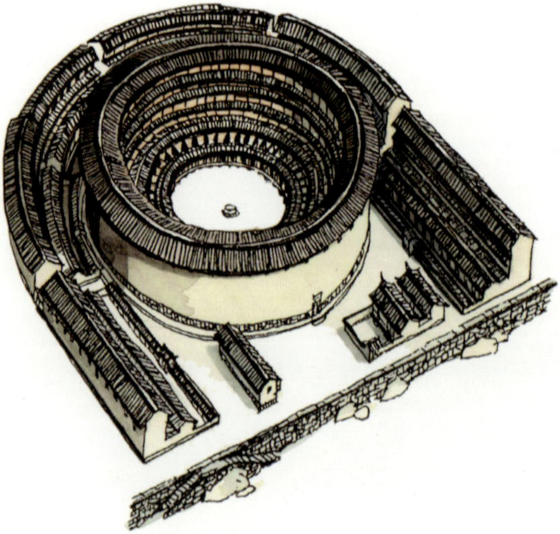

土楼是一种极具防御性的民居形式。土楼民居主要分布于我国的福建省，是福建民居中最有特色、最令人惊叹的形式。福建土楼主要有五凤楼、方形土楼、圆形土楼等三种形式。福建土楼是兼有聚族而居和防御作用的大型住宅形式。之所以称为“土楼”，是因为这种多层高楼的墙体，绝大部分都是以夯土建造。福建土楼分布最密集的地方，位于闽西南的永定区东部和南靖县西部的交接地区。此外，在闽南的华安县、平和县、漳浦县、云霄县、诏安县等地也有零星的土楼，虽然数量较少，但土楼的形式与种类却丰富多样，不论是从研究还是欣赏的角度来说，都有其重要的价值和不可取代的地位。

内通廊式就是在每层楼靠院子一侧设有一圈走廊，沿走廊可绕院落一周，每间房有门与走廊相通。一般来说，内通廊式方形土楼的平面大多数为方形或长方形，且内院多比较空敞，祖堂设在中轴线尽端的底层。

253

土楼中的方楼

方楼也称“方形土楼”，是土楼的一种形式。其名称的得来主要从平面形状而言，即平面呈方形的土楼，包括正方形、长方形、“日”字形、“目”字形等。方形土楼不但外观有一定的变化，里面布局也有不同形式，一般分为内通廊式和单元式两种，其中的绝大部分是内通廊式。一般较大型的方形土楼的里面是一圈全木结构的多层楼房，与外墙不加粉饰的粗犷严峻形成对比。此外，绝大多数的方形土楼，大门都开在正立面的中央，只有少数还在侧立面开有旁门，大门的造型有很多种。○

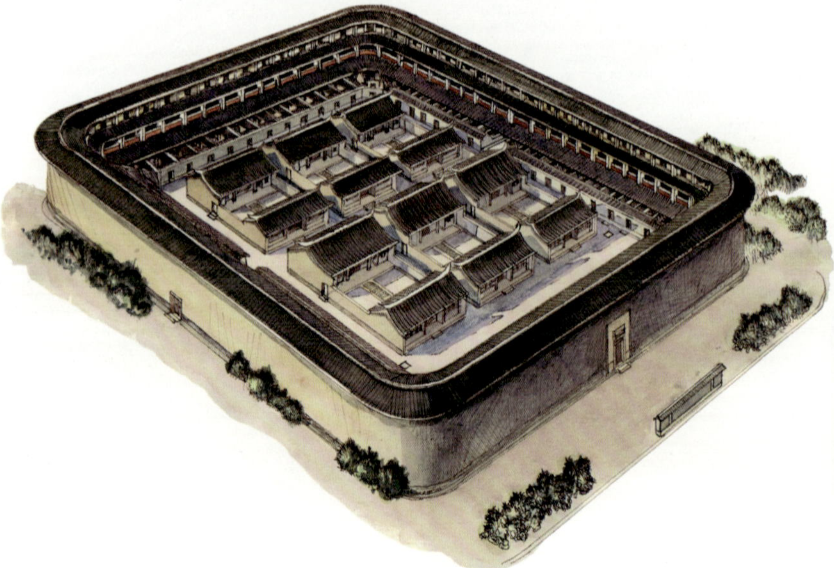

五凤楼是土楼的早期形式，它的平面与方楼、圆楼差别较大，而与围拢屋的主体部分倒有些类似。五凤楼的平面形式主要有三堂两横式、三堂式、两堂式、四堂式、三堂四横式、六堂两横式等。三堂两横是标准的五凤楼形式。三堂两侧的横屋就像是展开的大鸟翅膀，与中心建筑主楼相结合，俯瞰其气势就如一只美丽舒展的凤凰，所以称之为“五凤楼”。五凤楼多选择在前低后高的山脚地带建筑，庞大的建筑与山体相互呼应、相互映衬，非常突出而有气势。

255

土楼中的圆楼

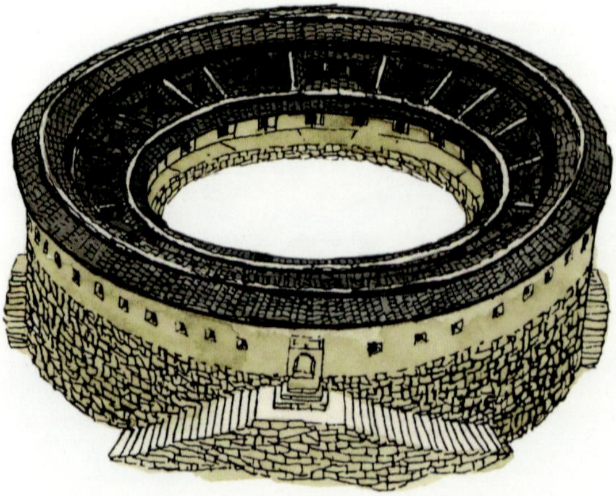

圆形土楼相对于五凤楼和方楼而言更富有魅力。圆楼的建筑布局非常精练，但有一种完整性、一体性。其最大特点是在圆楼内大多还建有圆楼，形成一环一环的建筑形状。不同的圆楼，其建筑形体大小有别，但是其中每个房间的大小却惊人地相似：房间的宽度均在3米以上、4米以下，正好可以摆放一床、一桌、一衣橱，这是旧时农家卧房的标准配置。相同大小的住房，显示出了圆楼内人与人之间和谐平等的关系，完全没有五凤楼中强烈的尊卑等级。圆楼和方楼一样有内通廊式和单元式两种。

单元式是指每一户都各自拥有从底层至顶层的独立单元，左右均不与邻居房屋相通。单元式方楼的平面大多为前面方、后面两角抹圆的形式，还有个别为四角抹圆而整体呈方形的平面。比较讲究的祖堂会在前面设客厅，周围设回廊，形成一个方楼内院中又套着一个方形四合院的形式，虽然降低了开敞的空间感，但却丰富了建筑的层次。

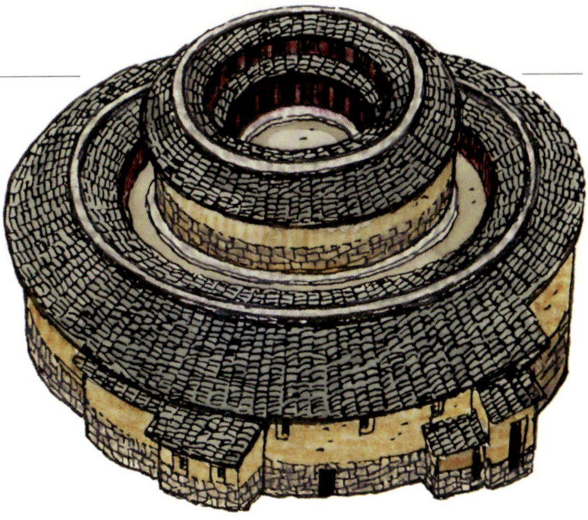

257

水乡居民码头

虽然现今公路、铁路等交通都很发达，但对于江南水乡来说，水路交通仍然具有重要意义。水乡村舍临水而建，几乎除了房屋就是水道，出入主要由水道往来，因此船只是必不

可少的交通工具，而上下船则要经过码头，因而码头是水路交通必不可少的组成部分，各村落临河都建有码头，码头是水乡民居不可分割的一部分。

258

倚桥

集镇中某些重要的桥头地带，人流往来相对频繁，并常常成为人流的集中地，因此，桥头处的居民多利用民居的底层开设店铺，小商贩和集市贸易也往往在桥头路旁展开。原来以交通为主要功能的桥梁，实际上已经成为商业活动的集聚地带，成为水乡城镇空间上转折的标志。尤其是倚桥，往往多被近旁的民居利用。因为它原是桥，但是被近桥的人家拿来作为民居的一面侧墙了。这样的借桥建屋方式能节约室内的空间，并且可以直接利用桥梁作为楼梯而无须另建，上楼也方便。

粤中地区一种只有一开间面宽，却向后由多进房屋组合而成的窄长合院建筑形式，当地形象地称之为“竹筒屋”。竹筒屋由前后多个院落组成，在建筑前后各设一个天井院，但露天的天井很少，屋面多采用勾连搭的形式。竹筒屋的地面虽然是平的，但建筑形态是前部一层，中部变成二层，

至后部内院逐渐变成三层甚至四层的形式，因此整个建筑造型从外部看也呈前低后高的形式。竹筒屋内的功能区分布在城市和乡村有所不同：乡村的竹筒屋进门之后先是厨房，其后是各种厅堂；而城市中进门则是厅堂，厨房和厕所都设置在最后。○

三坊一照壁与四合五天井两种平面布局形式，都是以一个大天井为中心的基本平面类型，前后院和一进两院则是此两种类型的组合，一般都是较大型家庭的住宅。前后院，是在正房的中轴线上分别用前后两个大天井来组织平面，后院为正

院，通常是四合五天井平面形式，前院为附院，常为三坊一照壁形式或两坊与院墙围成的小花园。前后院之间可以穿越的房屋叫作“花厅”。

一进两院，是在正房院的左侧或右侧另设一个附院，形成两条纵轴线。它的组合与前后院相同，不同的是前后院的两院为前后排列，而一进两院则为左右并列。○

康百万庄园坐落在河南省巩义市城西邙山脚下的康店镇，它是河南省极具代表性的窑洞民居。康百万庄园建筑的精致与建筑的气势，不亚于陕西姜耀祖庄园。康百万庄园的建造非一代之功，而是陆续建造，但总体布局的

完整性并没有因此被削弱，建筑都能随山就势，巧妙利用自然地形，每个院落都有窑洞。康百万庄园中有靠崖式窑洞七十多孔，并且大多是作为院落中的正房，东西厢房则是硬山顶的平房。

262

乔家大院

乔家大院是山西商人所建的美宅大院。有“北方民居建筑中的明珠”之称，位于祁县县城东北的东观镇乔家堡村。宅院布局合理紧凑，建筑用料考究，形式美观，气质高贵，但风格古朴典雅，丽而不俗。宅院建筑雕刻等装饰工艺

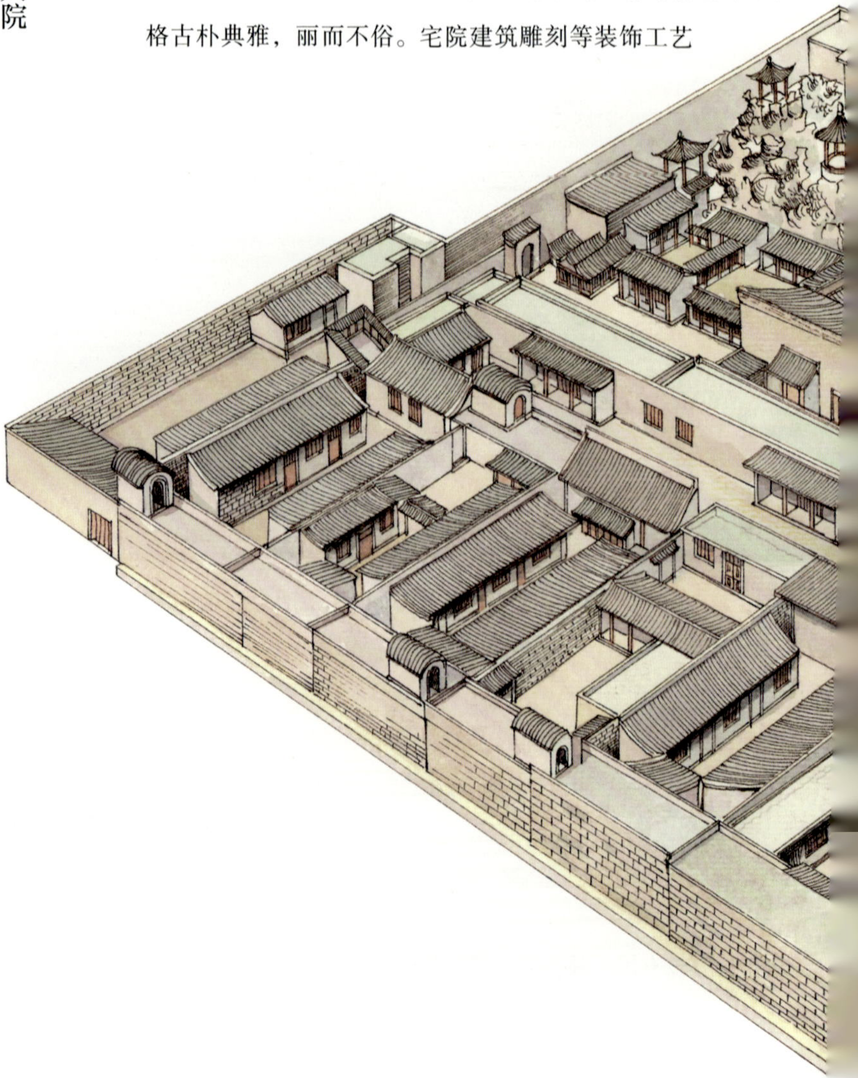

精湛，如大门外的百寿图照壁堪称乔家大院砖雕一绝。乔家大院分为六组院落：一号院目前是在中堂史料馆，二号院是展示乔家珍藏的珍宝馆，三号院现为经商习俗展示馆，四号院是花园，五号院是宅居，六号院现为民俗与民间工艺展示处。○

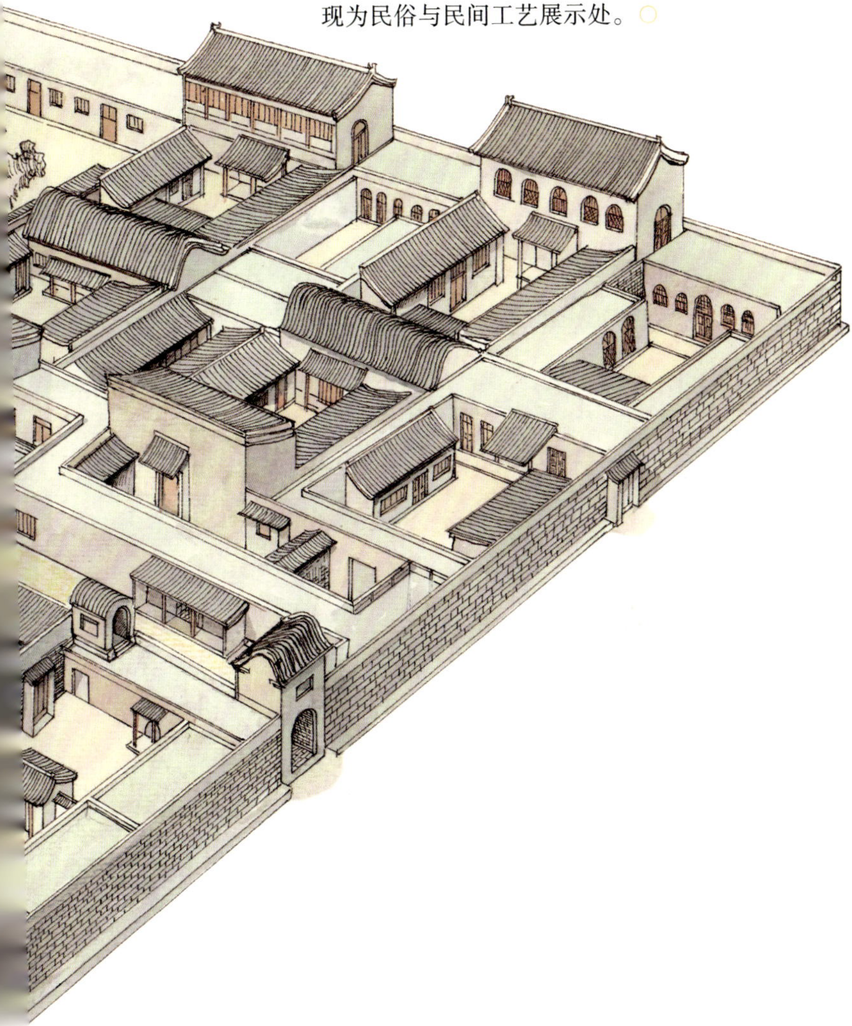

263 王家大院

王家大院是山西商人宅院的突出代表，坐落在山西省灵石县静升镇。王家大院气势庞大，有红门堡、高家崖、西堡子、东南堡、下南堡五大部分。据记载，当年它们分别对应着龙、凤、虎、龟、麟。红门堡居中为龙，高家崖居东为凤，西堡子居西为虎，东南堡为龟，下南堡为解。各部分又有多座院落，主次分明，又统一完整。从艺术上来说，王家大院处处有装饰，并且精美突出，技艺精湛，尤其以木、砖、石三雕最有代表性，雕刻有花、鸟、虫、鱼、人物、吉祥图案等，内容丰富。雕刻在影壁、门楼、墙面、柱子、雀替等处均有。○

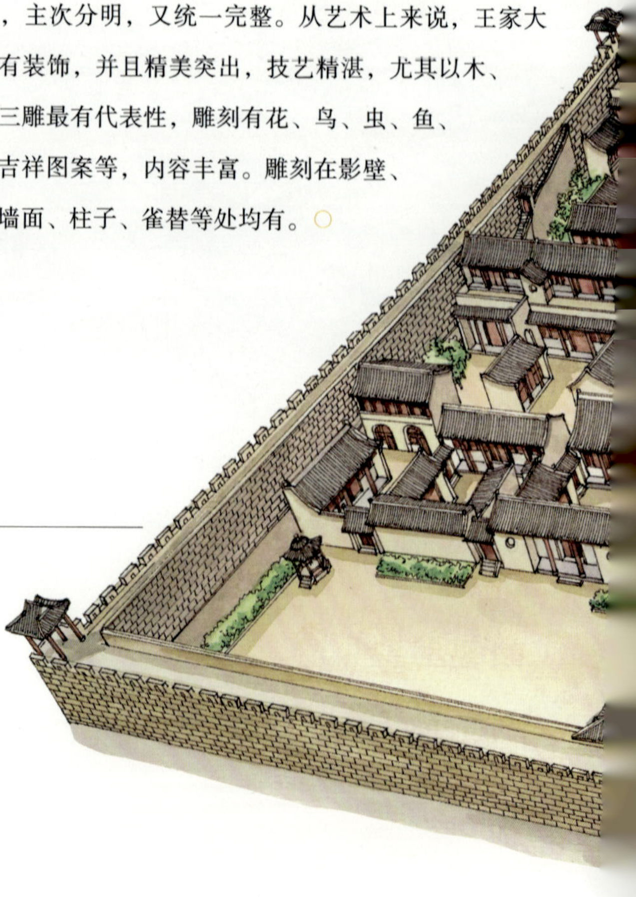

戏台中的祠堂台

民间戏台中有一种形式叫作“祠堂台”。所谓祠堂台，就是设置在祭祀祖宗的祠堂里的戏台，是家族的公共活动中心。祠堂台两面均可看戏，晴天在外部，雨天在祠堂内，所以又称“晴雨台”。○

江西乐平是我国保留乡村戏台最多的地区之一。乐平戏台的总体平面布局、结构形式、建筑形象基本一致，多为三间四柱式，也有在两侧各多加一个侧台的五间式，台子的中间或后部有屏墙，既是舞台的布景，也是与后台的隔断。屏墙的两侧是演员的上下场门。但乐平戏台的具体形象又各有区别。乐平戏台的外观大致有五种类型。第一种类型最为简单，就是一个三开间的房屋，前面开敞可以观戏，两侧是凸起的马头墙。○

266 | 乐平戏台的第二种形式

江西乐平戏台在基础的三间形式上，造型上又有一些变体。这里所说的乐平戏台的第二种形式与基础的第一种造型相比，只是中间屋顶抬高，同时两檐角向上飞翘。○

江西乐平戏台的第三种形式是在中间突起三个屋面，四个檐角飞翘，形成三重楼、五个屋顶的形式。○

268 乐平戏台的第四种形式

江西乐平戏台的第四种造型也有五个屋顶，并且前观有六个飞翘的檐角，下面也增加为五开间，除此之外，第四种与其他几种相比，戏台建筑的两端没有马头墙。○

江西乐平戏台的第五种造型变化更加多样，比第四种造型的屋顶两侧又多了两个不带飞檐的屋面，同时两侧带有马头墙。

270

侗族戏台

侗族人民能歌善舞，侗戏是在“侗族大歌”说唱的基础上，逐渐演变而成的风格独特的剧种。侗族人民爱看侗戏，因此，每个村寨中都有戏台。戏台的总体造型与布局、风格等，与汉族的江西乐平戏台完全不同，它不像乐平戏台那样突出于一般建筑之外，而是与侗族当地的鼓楼、风雨桥、民居等建筑相类似，这也是侗族地方建筑的最大特色。侗族的戏台多是以村寨之名命名的，如程阳寨的程阳戏台、马胖寨的马胖戏台等。○

程阳戏台

广西三江程阳寨是一个侗族村寨，村寨中的主要街道呈“十”字交叉，交叉处形成一个大广场，程阳戏台就建在广场前方。戏台平面大致呈长方形，在前台和后台一侧加偏房，偏房内设火塘，这里既是演出时戏台的辅助用房，又是村寨中人们平日休息谈天的场所。此戏台最别致的地方在屋顶，共有三层屋檐，从平面上看来，三层都是双坡面和攒尖顶的结合，但最底层是四角，上面两层是重檐六角。

272

平铺戏台

广西三江平铺寨侗族民居总体呈“田”字形分布，戏台就建在这个“田”字中间的十字交叉点上。无论从地理位置还是空间视觉上看，戏台都处于村寨的最中心。该戏台借鉴了当地鼓楼的立面造型，在三层正方形的重檐上，建筑了一个八角形攒尖顶，在简洁之中富有变化，丰富了戏台的平面造型。○

广西三江侗族自治县八江乡马胖寨的马胖戏台平面呈“凸”字形，简洁干脆。戏台上为三重檐歇山顶，下面是一层高高的台基，侧面有一段台阶可上下。马胖戏台有两个特点，一是立面装饰丰富，特别是屋脊的飞檐，立有雕刻精细、造型生动的脊饰；二是采用砖木结构。

274

八协戏台

广西三江侗族自治县独峒乡八协村的侗族戏台是一座较有特点的戏台建筑。一是体量大，高达11米，共三层，第二层是演出空间；二是建筑位置特别，它建在一个高差约4米的坡地上，有五个各有特点的立面；三是平面组合十分出色，在满足功能性要求的同时，灵活处理墙体，使空间变化丰富精彩；四是装饰精细，用色大胆，在整体色调朴素淡雅的村寨中格外醒目。

雾峰林家是台湾地区台中市雾峰区的知名望族。林家的戏台在大花厅院内，大花厅是林家的宴会厅，是节日等宴会时家人会聚之处。每当特别的日子，全家人会聚大花厅，戏台上也开始上演热闹的戏剧。林家戏台是单檐歇山顶，红瓦白脊，富有台湾地区建筑特色。戏台的屋脊上、栏杆处都饰有精致细腻的雕花，精美无比。

第四章 园林

276 承德避暑山庄水心榭

这幅油画表现的是河北承德避暑山庄的水心榭。这座桥梁是连接宫殿区与湖区的重要通道，两侧分别是避暑山庄的下湖和银湖，桥上设置亭榭三座，四望皆成画景。

北京颐和园西堤是仿杭州西湖苏堤而建，在这条南北向的大堤上有六座式样各异的桥亭。画面中表现的是西堤南端的柳桥。西堤沿堤遍植桃柳，春来柳绿桃红，有“北国江南”的意趣。○

278

攒尖顶

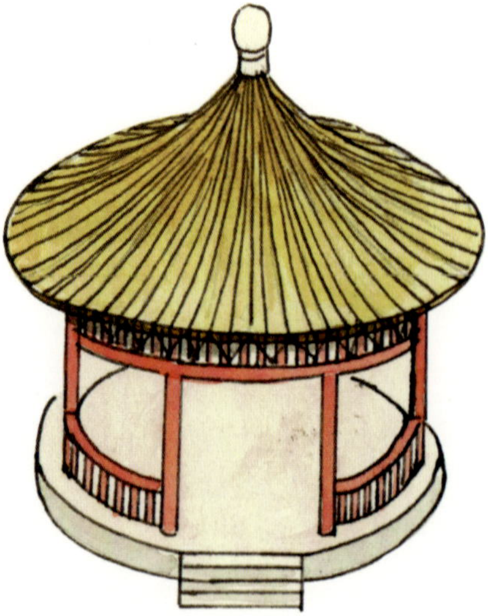

攒尖顶没有正脊，而只有垂脊，垂脊的多少根据实际建筑需要而定，一般双数的居多，而单数的较少。如有三条脊的、有四条脊的、有六条脊的、有八条脊的，分别称为三角攒尖顶、四角攒尖顶、六角攒尖顶、八角攒尖顶。此外，还有一种圆形攒尖顶式，也就是没有垂脊。攒尖顶有单檐和重檐两种做法，多作为亭类建筑的屋顶，但在皇家建筑和礼制建筑中，也有攒尖顶形式的殿阁类建筑出现。○

攒尖顶多见于亭、阁，尤其是亭子，绝大部分都是攒尖顶，作为景点或观景建筑。北京颐和园中的廓如亭，是全国最大的攒尖顶的亭子。

280

勾连搭屋顶

勾连搭屋顶就是两个或两个以上屋顶相连成为一个屋顶的形式。看起来各个屋顶是独立的，只是每个屋顶之下的屋檐处是连在一起的。这样的屋顶形式，可以在建筑下部形象不变的情况下，使上部屋顶更富有变化，更为生动多姿。另外，也在不提高屋面整体高度的情况下，扩大室内空间。

“卍”字纹是我国古代装饰中非常常见的一种纹样，“卍”读作“万”，它可以代表“万事如意”“万寿无疆”等吉利意义，所以也有一些建筑的平面和屋顶采用“卍”字形，这样的屋顶形式就叫作“‘万’字顶”。北京圆明园中的“万方安和”就是采用“万字顶”，建筑名称与建筑形式相应。○

282 漏窗墙

漏窗墙是花式砖墙的一种，与漏砖墙相似，只是因为其透空的墙洞部分开在墙的上部，大致相当于窗子的位置，而且一个个墙洞也似一个个的窗户，所以称“漏窗墙”。

283

寻杖栏杆

“寻杖栏杆”也作“巡杖栏杆”，是一种比较常见的栏杆式样，主要由寻杖、望柱、华板、地栿等构件组成，因其最上层即为寻杖，所以称为“寻杖栏杆”。寻杖栏杆的形制在南北朝时已基本具备。寻杖栏杆原用木料制作，后来出现石制栏杆，但除了材料变化之外，其式样基本一致。

284

直棂栏杆

直棂栏杆的造型比较简单，在其寻杖和地栿之间没有华板等构件，而是置以若干直立的木条。如果直棂栏杆的高度很高的话，其寻杖就失去了一般栏杆寻杖的扶手作用，而其遮挡的功能则更强。○

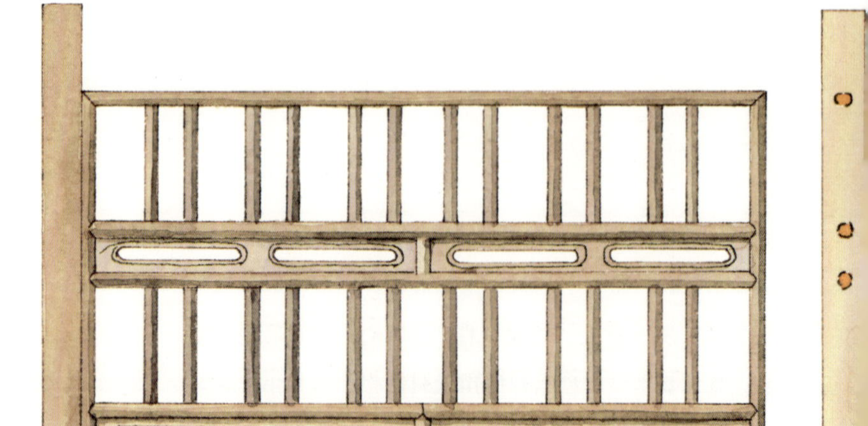

如果直棂条穿过上部的寻杖，则直棂栏杆就变成了欞子栏杆。欞子栏杆实际上是直棂栏杆的一种，在宋代时被称为“柜马叉子”。欞子栏杆的棂条顶端往往削成尖形，这对建筑物可以起到更好的防护作用。○

286

坐凳栏杆

栏杆的主要功用是遮挡、隔断、装饰，但有些栏杆经过稍微的变化又能产生新的功用，坐凳栏杆就是这样的栏杆之一。坐凳栏杆一般都是较矮的栏杆，在这种普通的矮栏上放置平整的木板，使矮栏看起来就像是一个条凳，人们可以在上面闲坐休息，所以称为“坐凳栏杆”。鉴于坐凳栏杆可以坐人这种功能，它多被安置在园林中，以供游赏园林的人可以随时坐下来休息，既有栏杆的功用，也有凳子的功用，非常方便、实用。○

靠背栏杆

靠背栏杆，也俗称“美人靠”“吴王靠”，它是坐凳栏杆的一种延伸形式，在其坐用功能上比坐凳栏杆更显著，使用起来也更为舒服，因为人不但可以坐在上面，而且还有靠背可以倚靠。简单地说，靠背栏杆就是在坐凳栏杆的平板外侧，再安装上一段矮栏，略微向外倾斜，这段矮栏就叫作“靠背”。靠背除了略微倾斜之外，本身大多还微有弯曲，以更适合人的后背倚靠。靠背栏杆和坐凳栏杆一样，大多见于园林建筑中，特别是一些临水建筑，如亭、榭、阁、敞厅等，以方便园中游人倚坐观景或静坐休息。

288

靠背栏杆的靠背雕刻

靠背栏杆的靠背，不但形状可有直、曲变化，而且还常有雕刻装饰，变化多样。带有精美装饰的靠背栏杆自然成了极有园林意趣的设置，在功能性外，同时也不言而喻地成了一种艺术景观。○

瓶式栏杆

瓶式栏杆其实是直棂栏杆的一种变异形式，就是将直棂条做成西洋的花瓶形式，所以俗称为“西洋瓶式栏杆”。这种瓶式栏杆虽然也非常简单，但与直棂栏杆相比，它更富有意趣，形象上更富有变化。瓶式栏杆在清代建筑中较为常见。

290

花式栏杆

花式栏杆简称“花栏杆”，以拥有大面积雕花棂格著称。花式栏杆的构造相对简单一些，构件主要有望柱和花格棂条，多不用寻杖，而只有简单的横枋，枋下的面积就是花格棂条部分。花格棂条的花样十分丰富，变化多端，有盘长纹、云纹、冰裂纹、灯笼框纹、“万”字纹、龟背锦纹、葵花纹等，非常漂亮。

“钩栏”是宋代对栏杆的叫法。宋代时石栏杆分为单钩栏杆和重台钩栏两种。单钩栏杆就是只有一层华板的栏杆，这是相对于当时的重台钩栏而言。宋代《营造法式》中规定有单钩栏杆的做法：每段高在三尺五寸，长六尺，上用寻杖，中间盆唇，下用地栿；盆唇之下、地栿之上用透空或不透空的各种纹样作为装饰，以“万”字纹居多；如果寻杖较长，可以在空当处置托神支撑。

292

栏板

栏板是栏杆的一个重要组成部分，可以说它是在整个栏杆的各个构件中雕饰最突出的一个构件。正因为栏板多用雕刻花纹作为装饰，非常漂亮、华丽，所以也称为“华板”。栏板置于望柱与望柱之间，如果从它的剖面看，为上窄下宽的形式。栏板的样式，随着栏杆的不断发展而变化，禅杖栏板是其中较为常见的一种。禅杖栏板也就是寻杖栏板，按雕刻式样又可分为透瓶栏板和束莲栏板两种，这两种中又以透瓶栏板较为常见。○

栏杆中只有望柱及柱间的栏板，而没有寻杖之类的构件，这样的栏杆就叫作“栏板栏杆”。栏板栏杆的栏板上，可以做雕刻，也可不做雕刻。做雕刻者可以为透雕也可以为浮雕，花纹美丽，增添了栏杆的艺术与欣赏性；而不做雕刻的素面栏板，则光洁素雅，虽然不华美但也自有韵致。○

294 | 罗汉栏板

罗汉栏板只用栏板而不用望柱，比栏板栏杆更为简洁、素雅，栏板的两头以抱鼓石结束。栏板和栏杆在园林建筑中都是不可缺少的组成部分。无论是大的殿堂、小的亭榭，还是花园、水岸，甚至是建筑的室内，几乎都有栏杆和栏板的设置。既可以起到维护安全的作用，也是极好的装饰品。另外，还可以使相似而又不同的景区连接或是分隔，大大丰富了建筑的空间层次感。○

束莲栏板是寻杖栏板中的一种，它与透瓶栏板的不同之处在于：栏板中间连接禅杖和面枋的净瓶改成了束莲。束莲的造型就是上下为仰俯莲花、中为束带扎捆的束腰形式，有些近似于雕着仰俯莲瓣的须弥座。标准式样的束莲栏板，除了将净瓶改作束莲外其他方面并没有变化。变化样式除了莲花本身外，还有一种是省略下部的面枋而将束莲装饰直通至底边的。○

296

宋代彩画

宋代彩画就是宋代时建筑上的彩画。宋代彩画，尤其是北宋彩画，根据建筑等级的差别，有五彩遍装、青绿彩画、土朱刷饰三类，其中以五彩遍装等级最高。彩画绘在梁、枋和天花等处。其中的梁枋彩画大多由如意头和枋心两部分构成，精美大方而又富有吉祥意义。宋初彩画大多保有唐代彩画的细致华美之风，题材上多为卷草、凤鸟、飞天等。

297

包袱式苏画

在苏式彩画中，有单独在梁和枋上各绘图画的形式，也有将梁、枋合起来作为一个整体来构图的形式。这种将梁、枋等结合，在构件中心以花边饰或烟云饰为分界，画一整幅图画的苏式彩画做法，就叫作“包袱式苏画”。包袱式苏画的主要部分就是包袱，包袱的外框为退晕的烟云、托子，内为苏画的内容，有故事、人物、风景、花鸟等。在包袱的两边一般都有线条组成的卡子图案。

298 海墁苏画

海墁苏画是一种没有枋心、包袱的苏式彩画，而是只在梁枋的箍头或卡子之间通画上一些较为简单的花纹，所谓“通画”也就是海墁，即不分主次，在整个需要或可以绘画的部

位使用一种主题图案，将之填满。海墁苏画通常是青地或绿地，上面分别绘画上流云或折枝花，如使用红色为底色，则上面多点缀蓝白色花纹。海墁苏画是一种等级较低的彩画，大多用于建筑的次要部位。

299

金线苏画

金线苏画是一种较为常见的苏式彩画，由其名即可看出此类苏画中金线运用较多，画中的主要线路，如箍头线、包袱轮廓线、聚锦线等，全部沥粉贴金。箍头和卡子也多为沥粉贴金。金线苏画的箍头多为“活箍头”，即箍头做连珠纹或“万”字纹，而箍头以青绿颜色退晕的，则为“死箍头”。此外，金线苏画的烟云退晕为五到七层，轮廓线以内不再做退晕处理。○

黄线苏画和墨线苏画与金线苏画一样，是因为线条中出现黄色和墨色居多，两者都是不贴金的苏式彩画。其箍头内多为单色退晕，而烟云退晕一般不超过五道。藻头部分，如果是青地的话配香色硬卡子，如果是绿地的话则配红或紫色软卡子。○

301

风门

一般的居住或起居室建筑，这主要是指住宅或府邸内面向天井或庭院的房屋，其外门常常做成双层门，在这道双层门中的外面一层门就称为“风门”，所以，风门也多被称为“房门”。风门实际上是一种高约2米、宽约1米的单扇门，并且不是板门而是用棂条拼成隔心的隔扇门。因为风门是双层门的外层门，所以门扇多是朝外开，出入更为方便。

302

隔心

隔心就是隔扇的上部分，约占隔扇总高的五分之三。隔心由棂条组成，是通透的，有利于室内的采光、透气。同时，隔心也是隔扇中雕饰最为精美的部分，较为简单的是用棂条交错拼成正方格或斜方格，稍微复杂的可以雕花，甚至是雕刻人物场景。这其中最为讲究的隔心是满雕菱花纹，有双交四椀、三交六椀等，这种菱花隔心只能用于官式建筑或寺庙建筑，尤其在皇家建筑中最为常见。○

303

支摘窗

支摘窗是一种可以支起、摘下的窗子，明清以来在普通住宅中常用，在一些次要的宫殿建筑中也有所使用。支摘窗一般分上下两段，上段可以推出支起，下段则可以摘下，这就是支摘窗名称的由来，也是它和槛窗的最大区别。此外，支摘窗在形象上也与槛窗不同，槛窗是直立的长方形，而支摘窗多是横置的。支摘窗在南北民居中又有不同的具体样式。北方常在一间当中立柱，隔成两半，分别安窗，上下两扇一样大。南方则常在一间当中立柱两根，分为三等分安窗，并且上段支窗长于下段摘窗，一般比例为三比一。○

304

和合窗

和合窗也是众多窗子形式中的一类，并且属于支摘窗形式，它较多地被江南民居所使用。和合窗多安装在建筑的次间，一间三排，每排三扇，也有多于三扇的。其上下两排窗扇固定，中排则可以打开用摘钩向外支起。窗扉呈扁方形，窗下设栏杆或砌筑墙体。和合窗的内心仔纹样也多随长窗而定。○

305

地坪窗

地坪窗又叫“勾栏槛窗”，多用于建筑次间的廊柱之间的栏杆之上，与栏杆连在一起安装，并且多临水而设，开窗后即可坐在栏杆上欣赏水景。地坪窗通常有六扇，在式样和结构上与长窗（隔扇窗，用在园林中时常称长窗）类似，但其长度只相当于长窗中部绦环板下的抹头至窗顶的尺寸。地坪窗与栏杆的花纹都向内，栏杆外边多安装可拆卸的雨搭板。地坪窗的实例在浙江南浔顾宅中就有，其窗扇隔心图案以长八角形几何纹和海棠纹为主，下面的栏杆处图案则为圆形内外套折线式，棂格上下皆通透。○

306

漏窗

漏窗，有时候也叫“花窗”“空窗”，这是一类形式较为自由的窗子，这类窗子都不能开启。漏窗当然也有沟通内外景致的作用，因为我们透过漏窗能看到另一边的景色，但是漏窗的沟通是似通还隔，通过漏窗所看到的景物也是若隐若现的，所以它在空间上与景物间，既有连通的作用，也有分隔的作用。此外，漏窗相对空窗来说，本身就是优美的景点，因为漏窗窗框内置有多彩多姿的各式图案，在阳光照耀下更有丰富的光影变化，益发显得活泼动人、优美不凡。○

花窗相对来说，与漏窗更为接近。花窗一般是指在窗洞内雕或塑出花草、树木、鸟兽或其他优美图案的墙壁上的窗子，装饰性与艺术性更强一些。花窗和空窗、漏窗一样，大多用在江南民居与园林中，其形式与花样之丰富不胜枚举。○

308

灯笼锦

灯笼锦是根据古时候灯笼形状演变而来的一种窗棂格图案。灯笼锦窗棂格由棂条排列起来，棂条间又加以透雕的团花、卡子花将棂条相连接，结构巧妙，形式优美。灯笼锦中间形成的较大的空间不仅有利于室内的通风和采光，而且极具装饰性。灯笼的形象给人带来无限的温馨感，并蕴含“前途光明”之意，深受人们喜爱。

309

盘长纹

盘长纹的图案来源于印度古代的传统图案，盘长是佛家八宝的一种，寓意“回环贯彻，一切通明”。盘长纹是用棂条做成来回反复缠绕的形式，形成回环往复的纹样，正是“连绵不断，生生不息”之意，十分精巧且寓意深刻。○

310

天弯罩

罩是室内隔断的一种，用硬木浮雕或透雕而成，上面布满精美的图案，有几何纹，有植物纹，有动物纹，也有人物故事图案等。罩大体可根据具体形象的不同而分为落地罩、花罩、飞罩、栏杆罩等小类，其中有的小类形象略有变异。这些作为室内隔断的罩，常常用在两种不完全相同但又性质相近的区域之间。罩的顶部略呈穹窿形，两端下垂而又不落地，四川一带取其形将之称为“天弯罩”。飞罩、几腿罩都属于这一类。

落地罩也是罩的一个小类，就是在建筑的开间左右柱或是进深的前后柱的柱边各安一扇隔扇，上面饰以雕刻或是用棂条拼成的各种图案，隔扇直落至地面，因此这种罩被称为“落地罩”。落地罩的大体形象与栏杆罩相仿，也是上有横披，下部分为三段，中段宽大，两侧两段较窄。不同的只是两侧两段较窄的空当内安装的是隔扇而不仅仅是矮栏杆，因此，在通透性上落地罩不如栏杆罩。

312

花罩

罩本就是一种富有装饰性的室内隔断件，而花罩更是罩中装饰尤为精美的一种。花罩可以看作是几腿罩的落地做法，罩上满饰华丽的花纹，花纹题材大多是用松、竹、梅组成的岁寒三友，葫芦和藤架组成的子孙万代或是松鼠葡萄等，富有意韵、雅致多姿而寓意吉祥。另外还有一种雕饰更满的花罩，其花纹几乎布满了整个开间，只在门或窗洞的位置留出一个小的洞口，这种花罩更为精美，装饰意味也更为强烈，但是它的制作费工费料，造价很高。○

飞罩是罩的一种形式，是一种比较轻巧的富有装饰性的室内隔断。它的形象是两端下垂，但不落地，状如拱门。这也是飞罩之名的由来，或者说这是飞罩的最大特点，就是不落地，而呈凌空状态。

314 挂落

挂落既可以用在室内隔断中，也可以用在室外装修中。挂落是用木条相互拼接而成，其间形成一定的棂格或图案，大多轻盈通透。挂落不论是用在室内还是室外，都是安装在上部呈悬挂状，因此得名“挂落”。具体运用位置，如室内的罩的隔断中、室外紧贴在枋下的廊柱间。挂落的上面和两边是边框，用榫头固定在柱、枋或罩上。○

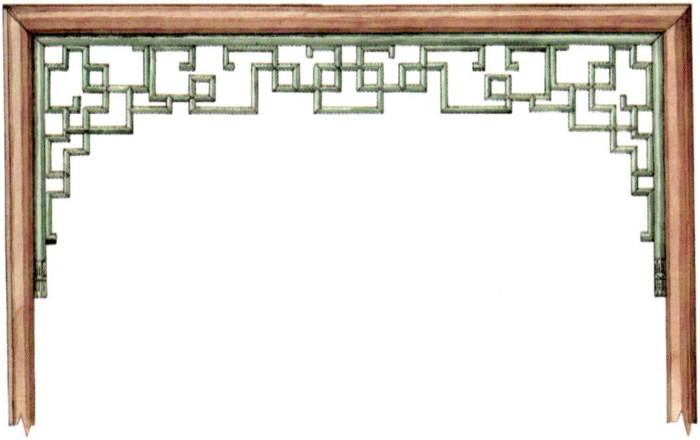

挂落飞罩的形式与飞罩相仿，只不过其下垂的两端比飞罩还要短，近似于两端没有下垂部分的挂落，所以称为“挂落飞罩”。

316 栏杆罩

栏杆罩是罩的一个小类，就是用两根立柱，将室内从开间或进深方向分为三段。三段的顶部是一横披，横披下安着一道横枋，枋下柱间饰骑马雀替。在两柱所分的三段空间中，中段较宽，作为通行的通道，而两侧的两段较窄。在这两段较窄空当的下部安装矮栏杆，栏杆上有精细的雕刻，富有室外栏杆的意味，所以称之为“栏杆罩”。○

如果隔扇不用裙板和绦环板，而只有隔心，则被称为“落地明造”。对应在室内隔断的罩中，如果罩中使用了隔扇，其隔扇部分也只有隔心而没有裙板和绦环板，则称为“落地明罩”。当然，也有人将“落地明罩”和“落地明造”混称。○

纱隔

纱隔和碧纱橱都是一种室内隔断，只不过碧纱橱多用在北方建筑装修中，纱隔多用在南方建筑装修中，而且碧纱橱以隔扇上贴绿纱为特色，纱隔的隔扇装饰则更为广泛一些。因此，纱隔也是与隔扇类似的装修之一。纱隔的格心背面多钉木板，这与一般的门、窗隔扇不一样。纱隔的木板上或是裱字画，或是直接雕刻花鸟草虫、山水树木等图案，或是书写诗文，非常清新雅致。当然也可不用木板而钉铺纱、绢，纱、绢之上也可以绘画或书写，一样富有韵味。

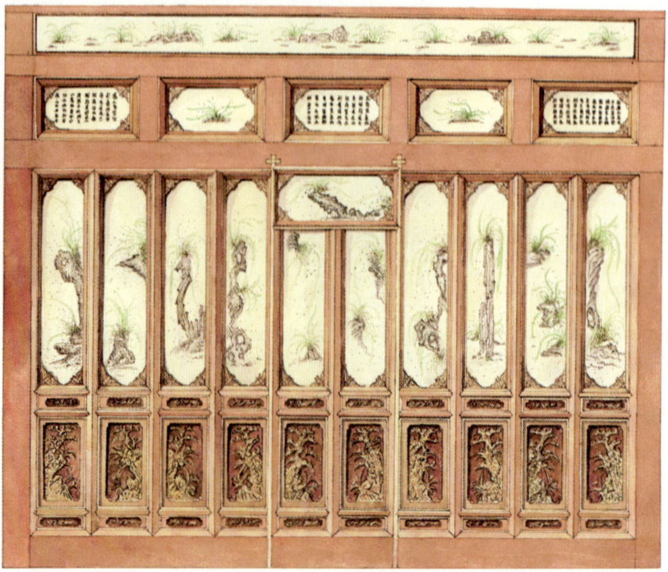

319

碧纱橱

碧纱橱是一种用于室内的隔扇，因为隔扇部分常常糊以绿纱，所以得名“碧纱橱”。碧纱橱在分间隔断上常满装隔扇，而每个碧纱橱所用隔扇的多少视建筑的进深大小而定，一般有六扇、八扇、十二扇等之别。碧纱橱中每扇隔扇的结构和形式与门、窗隔扇相仿，不过比门、窗隔扇用料更为轻巧、纤细，多用沉香木、紫檀木、红木、花梨木等硬木制作，雕制也更为精心，装饰也相对繁丽，有的还用螺钿、美玉、景泰蓝等镶嵌。

320

此君联

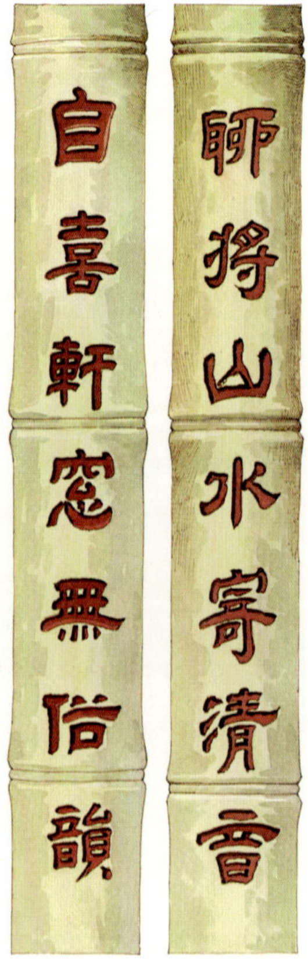

此君联就是书写在竹子上的对联。一般是将一根竹子一劈两半，每半片上书对联中的一句。“此君”也就是指竹子。《晋书 · 王徽之传》中说：“尝寄居空宅中，便令种竹。或问其故，徽之但啸咏，指竹曰：‘何可一日无此君邪？’”竹子历来为文人雅士所爱，此君联也因其文化气息与韵味而常出现于文人的住宅或园林中，尤其是园林内，即使是一些非文人的宅园，主人也多会附庸风雅地在园林建筑上悬挂此君联。

亭子的顶式有庑殿顶、歇山顶、悬山顶、硬山顶、“十”字顶、卷棚顶、攒尖顶等，几乎包括了所有中国古建筑的屋顶样式。其中又以攒尖顶式最为常见，根据其平面的不同，又有圆形攒尖顶、方形攒尖顶、三角攒尖顶、六角攒尖顶、八角攒尖顶等多种造型。

322

木亭

我国古亭以木构架居多，称为“木亭”。木亭中以木构架黛瓦顶和木构架琉璃瓦顶最为常见。黛瓦顶木亭是我国古典亭子的主要形式，可谓遍及大江南北，或庄重、或质朴、或典雅、或俊逸，各具特色。琉璃瓦顶木亭多见于等级较高的皇家园苑，或一些坛庙、宗教建筑中，色彩鲜艳，华丽辉煌。

砖亭是采用拱券和叠涩技术建造的小亭，它既有木结构的细腻，也有石结构的粗犷、厚重，同时也不乏自己的特色。相较于木、石亭，砖亭出现得较晚一些，因为叠砖砌筑是建筑技术发展到一定水平才能实现的。○

324 拙政园嘉实亭

嘉实亭在拙政园中部景区的东南角，玲珑馆的南面。亭为方形攒尖顶，因为亭子的周围植有许多枇杷树，枇杷成熟季节果实累累，所以取黄庭坚诗句“红梅有嘉实”而将之命名为“嘉实亭”。亭上有分别取自陶渊明和左思诗句的对联：“春秋多佳日，山水有清音。”

325

凉亭

亭子的四面通透、开敞，不安装隔扇，更不安装木板，这样的亭子就叫作“凉亭”。凉亭便于观景，更适合在炎热的夏季里乘凉纳爽。

326

路亭

李白的《菩萨蛮》中说："何处是归程？长亭更短亭。"这里的长亭、短亭就是路亭。路亭大多建在乡村、路边，在自然清秀的山水中，偶尔出现一座路亭，常常会给旅行者带来惊喜。不仅因为它是特别的景观，也因为它可以让疲惫的旅人歇歇脚。

327 水口亭

水口亭是镇水口的亭子，它大多建在村落的水口，以镇风水。水口亭多出现在一些山野村落中，是重视风水地区常见的建筑。

328

方亭

方亭就是平面为方形的亭子，一般来说方亭主要是指平面为正方形的亭子。方亭的顶式与一般的亭子一样，大多为攒尖顶。○

329 长方亭

长方亭就是平面为长方形的亭子。长方亭在我国的南方比较常见，尤其是在园林中，并且常常做成三开间形式，中央开间大，左右两开间略小。○

330 | **圆亭**

圆亭就是平面为圆形的亭子。圆亭的柱间距离等做法与六角、八角等平面的亭子相仿，但顶部做法较为复杂，要求檩、梁、枋等与圆形的顶部相应，要随着顶部由下至上、由大渐小而变。○

晋祠真趣亭

晋祠真趣亭在渔沼飞梁西南不远处，亭为单檐歇山顶，而不是常见的攒尖式。小亭四面开敞，四面枋额上均有匾额题字，正面为“真趣亭”匾，背面为“清潭写翠”匾，东西分别为“迓旭”“挹爽”匾。除了匾额之外，还有许多佳联妙律，如，“此处饶山水兴趣，到处皆水面文章”“澄清水漾晋源头，秀雅空亭孰创修。旅长矛先欣指示，绅者嗣后苦图谋。当年竟把洋蚨募，此日因将纪念留。真趣情形才写出，今人较胜古人游”。亭下有上古高士许由洗耳的泉洞。

『十』字亭

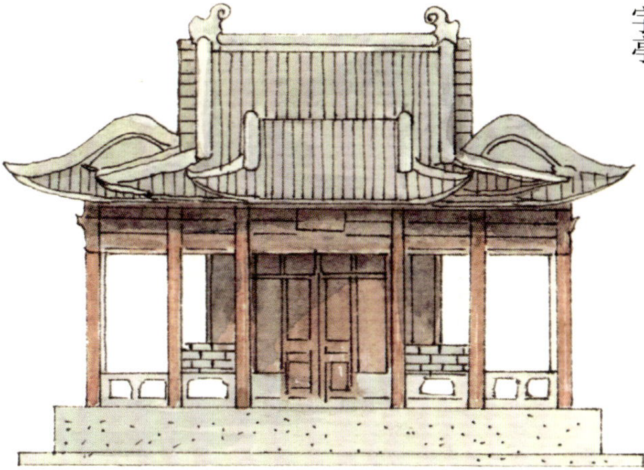

“十”字亭一般是顶面略呈“十”字形的亭子。有的是中为一带正脊的主体，前后各带抱厦，拼成“十”字平面。有的是中间突起，四面带抱厦，也呈“十”字平面形式。相对来说，“十”字亭比一般的亭子造型要复杂。

333

鸳鸯亭

“鸳鸯”往往是“双”或“对”的代名词，因此鸳鸯亭就是指两亭相连或是一亭两顶形式的亭子。鸳鸯亭在建造上比一般亭子更为复杂，因此它的建筑实例并不多，北京颐和园内万寿山东麓的荟亭即是一座鸳鸯亭。○

334

双亭

双亭就是亭体由两座亭子相连构成。双亭的形式比单亭更富有韵味，更能吸引人们的视线，因为这样的亭子首先在数量上就比较少，此外它的平面比较特殊。双亭有双圆亭，也有双方亭，有重檐，也有单檐。

335

北京天坛

中国古代的统治者除了建筑皇宫外，还会建筑一些祭祀用的坛庙类建筑。北京的天坛、地坛、日坛、月坛等，就是分别祭天、地、日、月的地方，其中以祭祀“天”的天坛建筑规格最高，目前保存也最为完好。天坛始建

于明代永乐十八年（1420）。坛内的建筑主要包括：圜丘、祈年殿、斋宫和神乐署、宰牲亭等，几者中又以祈年殿和圜丘为主体，南北相对，呈一个“吕”字形，中有长道相连。祈年殿和圜丘又各有附属建筑簇拥。○

北海位于北京故宫的西北面，是北京城内著名的皇家园林。北海的历史可追溯到辽代，元代时正式成为皇城内苑。今天的规模成于明清两朝。园林总体以琼华岛为中心，四面环水；岛以顶部的白塔为中心，周围散布着十多处殿、台、楼、阁；在南北向上，善因殿、普安殿、正觉殿、堆云牌楼、

积翠牌楼、永安石桥、团城形成一条轴线；东西向上，智珠殿、木牌楼、石桥形成另一轴线。造型优美的白塔高高矗立在岛顶，众多形态各异的亭、台掩映在郁郁葱葱的林木中，若隐若现。○

337 颐和园

颐和园位于北京城的西北部，建于清代乾隆十五年（1750），是清代著名的皇家园林，初名清漪园，清末更名颐和园。园林从景区上分，有前山前湖和后山后湖两个部分。前山前湖是万寿山南坡和昆明湖。前山以排云殿和佛香阁为主，两侧簇拥众多建筑。昆明湖水面辽阔，中有岛屿、亭台、桥梁。后山后湖是万寿山的北坡和沿山脚的一条名为后溪河的河道。后山共有十三处建筑群和几处单体建筑，居中者是汉藏建筑风格结合的须弥灵境佛寺。后溪河长约千米，是条人工开凿的河道，两侧是仿苏州街市而建的苏州街。园内建筑区域分布明确，景色层次分明，疏密相间。○

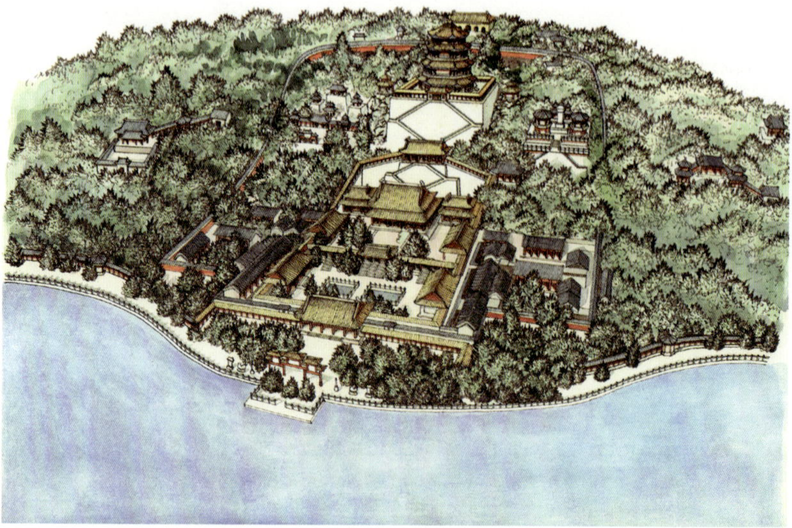

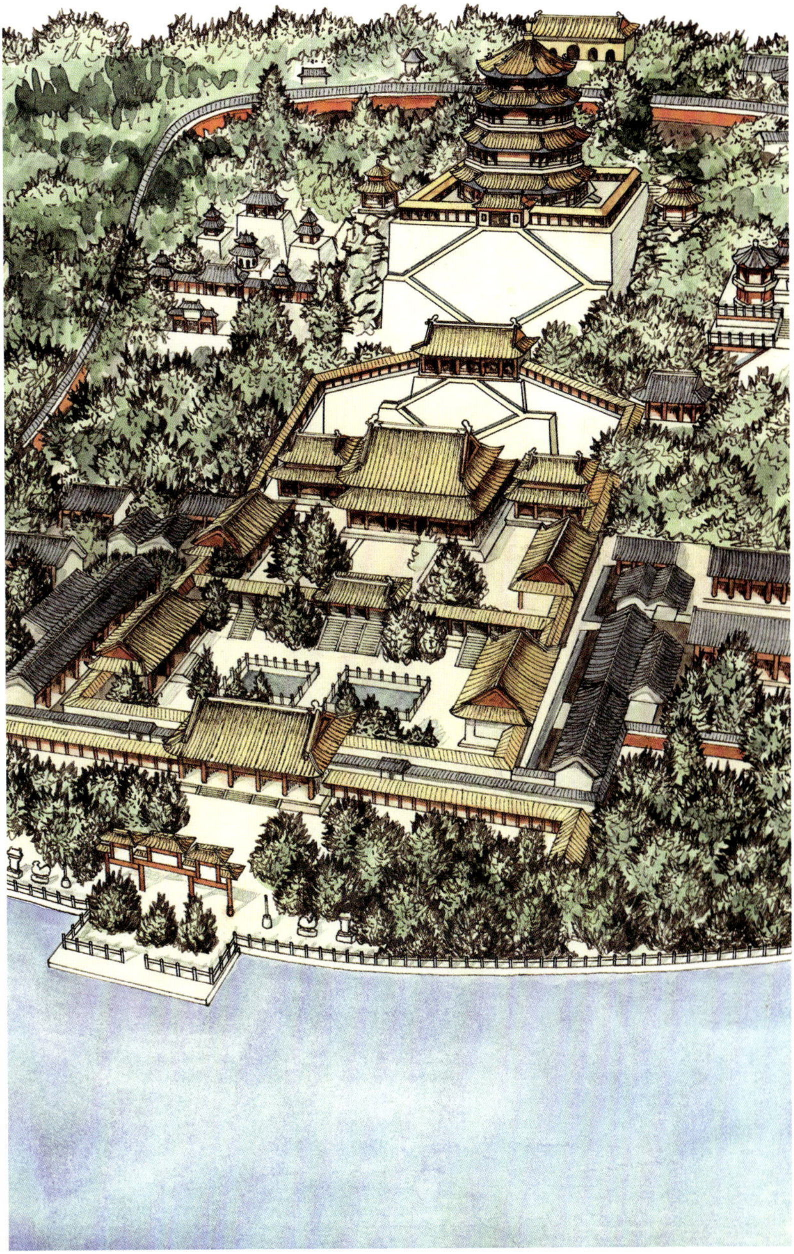

圆明园位于北京城的西北部，清华大学的西门外，距离颐和园不远。圆明园有“万园之园”之称，面积庞大，建筑丰富，景观绝美，是清代无与伦比的一座皇家园林。可惜却因清末朝廷的腐败与外国侵略者的入侵而毁于一旦，如今只有些断瓦残垣留待今人凭吊。圆明园实际上由清代所建的三个部分构成，分别称圆明园、长春园、万春园，三者顺序

建造。圆明园建于康熙时，雍正加以扩建，扩建后取“圆而入神，君子之时中也；明而普照，达人之睿智”而将之命名为“圆明园”。圆明园曾经令人流连不知归路的建筑与景观有长春仙馆、九州清宴、蓬岛瑶台、方壶胜境、曲院风荷、天然图画、镂月开云、万方安和、上下天光、海晏堂、远瀛观等。○

339

慈宁宫花园

慈宁宫花园建于明代嘉靖年间，它和御花园、乾隆花园一样，也是北京故宫内的内廷宫苑，位于故宫轴线西侧，大致是在故宫西路的中部。这座宫苑在清代时多次重修、改建，但总的布局仍大体保持明代样式。慈宁宫是太皇太后、皇太后等

的居所，虽然宫区面积较大，但花园的豪华程度却无法与乾隆花园相比。慈宁宫花园布局以轴线为主，前后有园门、假山、临溪亭、成若馆、慈荫楼，以及宝相楼、吉云楼等建筑与景观。

乾隆花园是一座由合院前后相延组成的内延宫苑，在它的第四进院落内，堆有高高的假山，山上建有一座形体精巧、装饰非凡的小亭，名为碧螺亭。碧螺亭的平面为五瓣梅花形，顶为白石砌筑的台基与矮栏，栏上立有五柱，柱上为五脊重

檐圆形攒尖亭顶，顶部中心立有圆形宝顶。这座小亭的造型美观还在其次，最特别的是亭上的装饰，题材全部为梅花，如，宝顶饰冰裂梅花纹，檐下挂落为折枝梅花，石筑矮栏上也雕刻着梅花。○

北海水域在古代被称为“白莲潭”，团城原只是潭中的一个小岛。而远在辽代，小岛已作为瑶屿行宫的一个重要组成部分，并且岛上已建有亭、台等建筑。金代时又堆土筑墙，形成了一个圆形的城台，台南侧修建昭景门和衍祥门。相对于昭景门和衍祥门，又建了东西两座大桥。明代永乐年间

拆除了昭景门前的木桥，将湖面填平为陆地，使团城变成了半岛。元代时，在金人所建圆台的中心修建了“仪天殿”，也称“瀛洲圆殿”，圆顶重檐。清代康熙时因殿倒塌而重建，赐名“承光殿”。除承光殿外，岛上还有敬跻堂、古籁堂、馀清斋、玉瓮亭、沁香亭、镜澜亭、朵云亭等。

德和楼是北京颐和园内一座精致的大戏楼，是专为慈禧六十大寿而建的，位于颐和园东宫门内宫殿区中。德和楼主体共有三层，分别为“福台”“禄台”“寿台”，象征天、地、人。最下层的寿台下面有地下室，里面有一口水井，以供表演“飞龙喷水”“水漫金山”等有水的场面时用。寿台前有供艺人换衣化妆的扮戏殿，殿内有楼梯通向禄台，也就是戏楼的二层。德和楼后面有座颐乐殿，是慈禧看戏的地方，殿内有供慈禧看戏时坐的宝座。

颐和园谐趣园

谐趣园是颐和园的园中之园，自成一体，位于颐和园内的东北角，它是仿照江苏无锡著名的寄畅园而建的。谐趣园中心为水池，建筑环池而筑。各部分错落相间，互为对景，景色旖旎怡静。园门开在西南角，门内临池为知春亭，亭南则是引镜轩，再沿池前行是洗秋、饮绿两座水榭。两榭东行可见知鱼桥，桥东北是知春堂，再经云窦、兰亭，便来到了水池的北岸。北岸假山层叠，造型奇丽，小园主体建筑涵远堂即建于此。涵远堂西有回廊连着西面的瞩新楼，瞩新楼南为澄爽斋，过澄爽斋便回到了园门处。○

须弥灵境是一座由大小二十余座建筑组成的汉藏混合式的佛寺组群。建筑群平面略呈“丁”字形，坐南朝北，沿山坡自上而下逐层排列，高低错落、参差起伏，自然形成一股优美、不凡的气势。南半部是西藏式佛教建筑，建置在须弥灵境殿南面高约10米的金刚墙壁上。这部分藏式建筑，是以西藏地区著名的喇嘛寺院桑耶寺作为设计蓝本的，带有浓厚的藏族色彩，以“香岩宗印之阁”为主体。北半部是汉式建筑群，原来有东、西、北三座牌楼和五开间的“宝华楼”“法藏楼”及后部的须弥灵境主殿，可惜大多已不存在，不过后来大多重新修建，虽不能完全恢复，但看起来依然是一片完整的建筑群。○

345

礼亲王花园

礼亲王花园是清太祖努尔哈赤第二子礼亲王代善后代所建的府邸，始建时间在康熙年间。花园建在京西海淀镇南，所以也称京西礼亲王花园。花园占地面积约50多亩，分为居住区、自然山林区和人工园林区三个部分，布局或疏朗或紧密，

各有特色而相得益彰，相对来说，前部相对严谨，后部相对活泼。园中景观以叠山取胜，而池水也不缺乏，又植满名贵花木，四季皆有花开，建筑或建于开阔之地，或隐于花木山石之间，景致或幽或明，令人流连，堪称清代王府花园的典范。

承德避暑山庄是皇家园林，又称“热河行宫”，建于清代康熙四十二年（1703）。山庄分为宫殿和苑景两部分。宫殿区有正宫、松鹤斋、万壑松风、东宫等四个主要建筑群，多采用层层递进的四合院式布局，并且全部施青砖灰瓦，朴素淡雅，与附近的外八庙建筑形成鲜明对比。苑景部分主要是指湖区，有澄湖、如意湖、镜湖等大小九个湖泊，湖中又有如意岛、月色江声岛、环碧岛等多座小岛。此外，尚有大面积的山区和平原区，但不是山庄主景。

静心斋是北海的园中之园，位于北海的北岸。静心斋四面围墙环绕，自成一体。园内随意地散布着亭、台、楼、轩、屋等小建筑，其间有精致小桥相连或隔水相望，景致几近天然。近观水波清澈，小桥造型优美，其上玉石洁白，池边山

石层叠，石纹粗犷生动，临水苍松，挺拔遒劲，回廊曲折缘山而上；远看丛林环绕，香花簇拥，屋宇参差，只觉宁静幽深。静心斋无论从哪个角度看，都是美妙完整的一景，是小园林中难得的精品。○

拙政园

拙政园是江南古典园林的代表，位于江苏省苏州市东北部，称得上是苏州第一古典园林。拙政园原是明代正德年间的御史王献臣所辟私园，后来几易其主，现在的园林占地约为70亩。拙政园的布局以水池为中心，经过不断的易主、改建，园林已被分为东、西、中三部分，但水池依然是园的中心。东部主要建筑与景观有兰雪堂、缀云峰、芙蓉榭、天泉亭、秫香馆；西部有卅六鸳鸯馆、浮翠阁、留听阁、与谁同坐轩、笠亭、倒影楼、塔影亭；中部是园林主体，除了中心水池外，尚有远香堂、倚玉轩、小飞虹、香洲、荷风四面亭、雪香云蔚亭、待霜亭、梧竹幽居、海棠春坞、玲珑馆、见山楼等。○

349 留园

留园是一座著名的苏州古典园林，位于苏州古城阊门外。留园始建于明代万历年间，是当时的太仆寺少卿徐泰时辟建的私园。完整的园林也因多次易主，渐渐分为几大块，目前可大致分为中、东、西、北四部分。中部是主体，以水池为

中心，建筑景观有涵碧山房、明瑟楼、绿荫、曲溪楼、清风池馆、濠濮亭、小蓬莱、汲古得绠处、远翠阁、闻木樨香轩等。园内其他建筑景观主要有活泼坡地、五峰仙馆、还我读书斋、林泉耆硕之馆、石林小屋、揖峰轩，还有一峰美湖石——冠云峰。○

网师园

网师园原是南宋侍郎史正志的万卷堂，清乾隆年间宋宗元购地建园，他“以网师自号，并颜其园，盖托于渔隐之义，亦取巷名音相似也”。也就是说，宋宗元以渔翁自比，又借着园旁“王思”巷名谐音，将园命名为“网师”。小园占地约8亩，精巧玲珑，园林布局以曲折幽深见长，景观以“静”为特色，是我国江南小型古典园林的代表。园内主要景观除中部的彩霞池外，还有万卷堂、撷秀楼、五峰书屋、竹外一枝轩、集虚斋、看松读画轩、殿春簃、月到风来亭、濯缨水阁、小山丛桂轩、蹈和馆等。

苏州沧浪亭位于江苏省苏州城南三元坊，是苏州现存最为古老的园林。沧浪亭最突出的特点是山水的自然意味浓郁，因此素有“城市山林”之称。沧浪亭始建于五代，宋代词人苏舜钦流寓苏州时爱其水色，购买后置亭傍水，小园始闻名。苏氏之后小园几易其主，园林的山水形态与建筑格局等

都有所变化。现今的沧浪亭建筑景观有园门、碑石厅、真山林假山、复廊、观鱼处、面水轩、沧浪亭、闻妙香室、明道堂、瑶华境界、看山楼、翠玲珑、五百名贤祠、清香馆、藕花水榭等。○

狮子林位于苏州市园林路，占地面积比网师园稍大，约14亩。园内湖面深远，庭院幽然，尤其是石峰玲珑多姿最为人称道，狮子林的闻名可以说就在峰石。狮子林同样几易其主，因而园内之景也是经多位园主布置。狮子林的重要景观有中部水池及池边问梅阁、暗香疏影楼、荷花厅、真趣亭、古五松园、揖峰指柏轩、卧云室，在园门与池水之间还有云林逸韵厅和燕誉堂两座重要建筑。各建筑与景观之间是层叠错落的假山石峰，造成幽然深邃之意境。

353 虎丘

虎丘是苏州城外的一处风景名胜，位于苏州阊门外。虽然大多时候我们将它与其他苏州园林归为一类，但实际上它并不是一处古典宅园，而是一处自然景观。虎丘早因山水奇幽而闻名，春秋时的吴王阖闾就曾游虎丘山，更在死后葬于此。东晋时虎丘山上建寺，这里渐成为佛教名山，南宋时更成为东南“五山十刹”之一。如今它是一处山寺结合的山水胜境与游览佳地，有海涌桥、断梁殿、憨憨泉、问泉亭、冷香阁、试剑石、真娘墓、千人石、点头石、剑池、致爽阁、虎丘塔等众多自然与人工妙景。○

354

环秀山庄

环秀山庄位于苏州景德路，面积不大，但却极有特色，是一处难得一见的园子。环秀山庄面积小，建筑也不多，园中的主体建筑就是环秀山庄厅堂，另外还有西楼、补秋山房、问泉李。其余大部为假山石洞所占。山洞、石室、峡谷、销壁、危径。曲折穿插，或连或断，令人称奇。又配以曲池、回廊、小亭等，更彰显出这座小园的特别之处，成为让人惊叹的园林佳作。○

残粒园

残粒园位于苏州装驾桥巷，是清光绪时期扬州盐商在苏州所建私园。这座小园是苏州最小的一座园林，面积只有140多平方米，园内也只有一池、一山、一亭而已，其余为几株树木，但中国古典园林的造园要素它却是一样不缺，有山有水有建筑有花木，可游可赏，同样极富中国对园林设计与景观的追求意境与美感，或者更可以说它在这么小的范围内能做到中国古典园林所追求的意境，正是它的特别之处，正是它令人赞赏的所在。

356

扬州何园

江苏省扬州市人文荟萃、园林众多、景观优美，何园就是其中最为闻名的一座，有“中国名园、江南孤例”之誉。何园位于扬州城区的徐凝门街，是清代光绪年间隐退扬州的何芷舠所建宅园，园主人将之命名为“寄啸山庄”，而人们因其主人姓何，所以将之称为“何园”。何园宅园合一，其中有大花园寄啸山庄，有小花园片石山房，有主人日常起居的园居部分。大花园又分为东园、西园。何园美景与建筑有牡丹厅、读书楼、峰石假山、石刻、池水、蝴蝶厅、赏月楼、玉绣楼、楠木厅等。○

瘦西湖位于扬州城的西北部，总面积约104公顷，而水面占50公顷。瘦西湖是一处园林，但并非私家小园，而是一处景观名胜，开阔辽远又秀美修长，在清代乾隆时已有“甲于天下”的美誉，乾隆帝多次的江南行，就曾饱览瘦西湖风光。瘦西湖的美景大多万口传颂、名扬海内，如虹桥、隋堤柳、桃花坞、五亭桥、白塔、月观、吹台，尤其是负有众多人文意韵的二十四桥，历来为文人雅士吟咏感叹。

无锡寄畅园

寄畅园位于江苏省无锡市城西的惠山。惠山环境优美，是营造小园林的佳处，所以惠山四面园居颇多，有碧山庄、愚公谷、惠岩小筑、黄园、菊花庄、近山园、华利草堂、二泉书院、冠龙山居等，寄畅园即是其中非常精彩的一处。寄畅园的前身是凤谷行窝，由明代时的南京兵部尚书秦金建造。寄畅园是秦金后人秦燿在凤谷行窝的基础上扩建而成的，秦燿是寄畅园的真正创建者，他于园中造景约二十处。现存园景基本是秦燿曾孙秦德藻时修筑，主要景观有嘉树堂、卧云堂、大石山房、先月榭、环翠楼、悬淙涧、凌虚阁和池沼锦汇漪等。

359 **杭州西湖**

杭州西湖与扬州瘦西湖一样，是一处有园林之称的景观名胜，但与瘦西湖相比，西湖的美名更为远扬。早在宋代，大文豪苏轼就写过一首赞西湖的名诗："水光潋滟晴方好，山色空蒙雨亦奇。欲把西湖比西子，淡妆浓抹总相宜。"西湖面积有6平方公里，而水面达5.6平方公里。湖中有白堤、苏

堤，将水面分为外湖、岳湖、小南湖、北里湖、西里湖五部分。西湖内外突出的美景有十处：旧为三潭印月、雷峰夕照、断桥残雪、柳浪闻莺、曲院风荷、平湖秋月、苏堤春晓、花港观鱼、南屏晚钟、双峰插云；新有虎跑梦泉、云栖竹径、九溪烟树、龙井问茶、阮墩环碧、宝石流霞、满陇桂雨、玉皇飞云、黄龙吐翠、吴山天风。○

绍兴兰亭

兰亭之闻名始于东晋大书法家王羲之。在王羲之与众雅友兰亭会聚写下千古传颂的《兰亭集序》之后，位于浙江会稽山阴的兰亭便成了历代文人向往和游赏的佳地。最初的兰亭确

址已不可知，现在的兰亭在浙江绍兴的兰渚山下。兰亭现有八处景观最为著名：兰亭碑亭、鹅池、曲水流觞、流觞亭、右军祠、御碑亭、兰亭古道、兰亭书法博物馆。

361

文澜阁

文澜阁位于杭州孤山南麓，是清代乾隆年间为珍藏《四库全书》而建。乾隆时为藏《四库全书》共建了七座楼阁，即沈阳故宫的文溯阁、北京故宫的文渊阁、承德避暑山庄的文津阁、圆明园的文源阁、扬州的文汇阁、镇江的文宗阁，以及这座文澜阁，七阁基本都是依照宁波的天一阁而建。在这七座阁中，文汇、文宗、文澜位处江南，而不像其他四座一样是建在皇家宫、苑中，在这三座江南阁中，目前只有文澜阁还保存着。文澜阁建筑按中轴线布置，建筑除了阁本身外，还有垂花门、厅室，另有假山和水池，池中置仙人峰，构成了富有园林意味的景观。○

362 林家花园

林家花园是台湾板桥林家所建，清光绪十四年（1888），林维源斥巨资对林家原有的板桥别墅加以大规模整建，五年后完工，规模宏大的林家花园至此建成。板桥林家花园前后经过四十多年的经营，并聘请了当时最著名的画家和文学家进行设计。因此，整个花园建造得意境非凡，自有绝妙。园中的主要建筑有定静堂、汲古书屋、方鉴斋、来青阁、香玉簃、观稼楼等，其中的定静堂最大，建筑面积达150多平方米。林家花园内的这些主要建筑，不论建筑面积大小，体量高低如何，还是建在什么位置。其建筑材料几乎都是红砖、红瓦，非常富有台湾地方民居建筑特点。○

晋祠位于山西省太原市西南郊的悬瓮山下，它的创建年代已不可考，但在北魏郦道元的《水经注》中有记载，因此它最少已有1400多年的历史。晋祠最初名为“唐叔虞祠”。是为纪念周成王的弟弟叔虞而建。叔虞被成王封在唐地做诸侯，他死后，他的儿子将国号“唐”改称为“晋”，所以唐叔虞祠也就被称作“晋祠”了。晋祠是个庞大的建筑群，建筑有唐叔虞祠、关帝庙、文昌宫、三圣祠、圣母庙等，每一组建筑又由若干个体建筑组成，殿堂近百座。圣母庙的地位最为突出，位于晋祠建筑群的中轴线上。圣母庙主要由对樾坊、献殿、鱼沼飞梁、圣母殿等几座建筑组成。其中的圣母殿是庙内的主体建筑，重檐歇山顶，面阔七开间，副阶周匝，也就是四周带回廊。圣母殿前方的鱼沼飞梁是一座架在水池上的“十”字形小桥，它是中国古建筑中难得一见的特例，是晋祠三绝之一。整个晋祠内除各色建筑外，更遍植苍松古柏，气氛清幽。

364

檀干园湖心亭

檀干园湖心亭位于园内小西湖中，并且是建在一座长满绿草的小岛之上，岛上只有这一座小亭，平面六角形，顶为攒尖顶，亭檐比较特别，其中部有一圈转折线，仿佛有两层顶子，让简单的亭子在外观造型上起了微妙的变化。亭为红柱、灰瓦顶白色宝顶，色彩雅致而稳重，亭内空间对外开散。在碧水、绿树的掩映之下，显得小巧玲珑，精致而脱俗。○

檀干园小西湖中筑有两岛，除了湖心亭小岛之外，还有一座三潭印月岛，这是依照杭州西湖三潭印月而建。这里的三潭印月岛有桥、堤连着池岸，岛上的主体建筑即为镜亭。镜亭说是亭，其实是轩式建筑，面阔三间，前部还带有抱厦，两者皆为歇山顶。镜亭除了外形与一般的亭子有别之外，亭内还有一处特别吸引人的地方，即后壁上嵌的大理石书条石，上面刻有苏轼、米芾、董其昌、文徵明等古代名家的书法，非常珍贵。

图书在版编目(CIP)数据

古建筑日读:修订版/王其钧著. —2 版. —北京:中华书局,2023.3

ISBN 978-7-101-16108-3

Ⅰ.古… Ⅱ.王… Ⅲ.古建筑-中国-通俗读物 Ⅳ.K928.71

中国国家版本馆 CIP 数据核字(2023)第 012230 号

书　　名 古建筑日读(修订版)
著　　者 王其钧
责任编辑 董　虹　周　璐
责任印制 陈丽娜
出版发行 中华书局
(北京市丰台区太平桥西里 38 号　100073)
http://www.zhbc.com.cn
E-mail:zhbc@zhbc.com.cn
印　　刷 北京中科印刷有限公司
版　　次 2017 年 4 月第 1 版
2023 年 3 月第 2 版
2023 年 3 月第 2 次印刷
规　　格 开本/787×1092 毫米　1/32
印张 15¼　字数 85 千字
印　　数 8001-18000 册
国际书号 ISBN 978-7-101-16108-3
定　　价 108.00 元